安全に行うために

　著者をはじめ本書協力者の願いは、まず安全に怪我をすることなくトレーニングしていただくことです。そのため、安全性を第一にトレーニング方法を説明していきます。

　どんな人に向いているかについては明確に線引きすることができませんが、基本的に椅子に座ったり立ち上がったりができれば、性別問わず、どの年齢層の方でもトレーニングできます。

　ただし怪我や病気の既往歴がある方、現在治療中の方は、運動の可否について医師の指示に必ず従うことを強く推奨します。特に高血圧、心臓関連の持病がある方は、息を止めるテクニックや極度に心拍数を上げるトレーニングを控えるようお願いします。

　また、ケトルベルを使ったトレーニングは中学生や高校生にも行われている実績がありますが、身体の成長期とウエイト・トレーニングに関しては賛否両論があります。特に中学生以下の高負荷トレーニングについては細心の注意を払い、専門家の指示や提案に従ってください。

　くれぐれも安全第一にトレーニングを実施してください。著者、本書協力者、ならびに出版社は、本書の内容実施が原因で発生した負傷・死亡事故について一切責任を負いません。ご承知のほどお願いいたします。

プロローグ

「……62、63」

インストラクターが数え続ける。

63をカウントする時、受講仲間たちから声があがる。

「もう大丈夫だ！ あと1回！」

私は64回目を振り挙げきった。

ケトルベルを振り挙げる。それをひたすら繰り返す。重さ24kgの鉄

の塊を左で連続40回、続けて右に持ち替えて24回、振り挙げ続ける。

これが2007年に私が受けたケトルベルの"インストラクター認定コース"テストの幕開けでした。球体にハンドルが付いたケトルベルを下から頭上へ振り挙げると、反動による負荷が体にかかります。この幅広い筋肉の伸縮の繰り返しで、軽い息切れを起こします。

この時の運動量は、ヨーロッパの大学での研究によると24kgの4～5倍の力が体中に波及するというデータが出ています。また、アメリカの大学の研究では、坂道100メートルを走るのに相当するカロリーを燃焼するというデータが出ています。

私自身、このトレーニングによって、様々な効果を実感しています。始めた当時、私は格闘技を学んでいたのですが、それがケトルベルの効果をわかりやすく体感する場になりました。

その時私が感じた効果は次のようなものです。

・**姿勢が補正された。**
・**肩こりがなくなった。**
・**身が引き締まった。**
・**パワー、瞬発力が数段上がった。**
・**練習中の息切れがなくなった。**
・**首が強化され、パンチを顔に受けてもダメージが軽減された。**

フィットネスジムに行くことなく、バーベルやマシン・トレーニングをすることなく、ハンドルのついた鉄球を時に振り、時に挙げることでこのような効果が出たのです。
　また、"持続力はあれど筋力がない"、逆に"筋力はあれど持久力はない"という、筋力と持久力は併存しないという"神話"を打ち砕いてくれたのも、ケトルベルでした。
　「筋力を最大に持続できるのは9秒ほど」とも言われ、それまで私も信じていましたが、ケトルベルのトレーニングを続けるうちに、筋力と持久力とがかみ合ったような——筋持久力が発揮された感覚と言えばいいのでしょうか、私はその新たな感覚を得たのです。
　ケトルベルのトレーニングによって、とにかく疲れなくなる、力がつく、肩コリがなくなる、腰痛がなくなるなど、身近にありがちな悩みが解消できるとすれば……、みなさんどう思われますか？

　私がケトルベルを入手してトレーニングを始めたのは、2004年のゴールデンウィークの頃です。当時は、旧ソ連からアメリカへ移住してケトルベルを北米全土に広めたパベル・ツァツーリン（Pavel Tsatsouline）のビデオ『Russian Kettlebell Challenge』を参考に、見よう見まねでケトルベルのトレーニングを行っていました。
　すると、過去にアメリカンフットボールや格闘技で負った身体の不調が改善されていくのが実感され、このトレーニング方法にハマっていきました。
　その中で「ケトルベル・インストラクター資格」というものがあることを知り、2006年初頭からその資格取得を目指しました。
　幸運なことに、たまたまアメリカから来日していた公認インストラクターのケン・ブラックの教えを受ける機会を得ることができたことで、さらに意欲が増しました。
　そして、2007年6月、アメリカのミネソタ州セントポールで開催されたRKC（Russian Kettlebell Challenge）のケトルベル認定コースを受講し、私は日本人としては初のケトルベル・インストラクターになることができたのです。

それ以降もアメリカ、ヨーロッパ、韓国で定期的に開催されているインストラクター認定コースを受講しています。その一方で、日本国内でワークショップ、ケトルベルクラスを開催し、数多くの個人指導も続けてきました。

　本書はこれまで私が7回に及ぶ認定コースで習得した内容と、世界トップ100にランクされているトレーナー4名の背中を見て教わったこと、そして数々の指導の中で培った経験のほとんどを詰め込んでいます。
　一般にウエイト・トレーニングは中堅からトップアスリートが行うものと捉えられがちですが、私たちケトルベル・インストラクターが提供する知恵は、年配の男性・女性もオリンピック選手も変わりません。「私は運動万能だから」という方ほど、60歳の女性と同じトレーニングをしていただきたいのです。
　そうしたことからも、一人でも多くの方にケトルベルを取ってトレーニングしていただきたいと思い、本書を著すに至りました。
　ケトルベルはバーベルのように場所を取らず、一畳の空間があれば自宅でできます。私も最近まで10年近く、ベッドのあるワンルームマンションでケトルベルを使ってトレーニングしていました。ハンドルが付いていることもあり、注意して扱えば誤って落とすこともありません。
　是非、本書との出合いを機会に、ケトルベルを始めていただければ嬉しく思います。

活用のガイド

　本書では男女、年齢を問わず、どなたでもケトルベルを活用できるように、以下の流れで説明しています。

ケトルベルとは何か？
　ケトルベルの歴史や特徴、どのような効果が期待できるのか、などの概要をお話しします。また、安全に、健康的にトレーニングを行っていただくための注意点についても説明します。

初級１　ケトルベルの基本３種目
　ケトルベルの初級とは、最も基本となる以下の３つの種目を一通り行えるようになることです。これらの動きのレベルの高さによって、続く他の種目の成否に関わってくるとても重要なものです。
　男性であれば20～24kg、女性であれば12～16kg程度のケトルベルで、できるまで繰り返してください。

●スイング（ツーアーム・スイング、ワンアーム・スイング）
　ケトルベルの醍醐味は振ることです。スイングはケトルベルの基本種目です。これができるようになると、ケトルベルの７割は理解したことになるでしょう。

●ゲットアップ
　ケトルベルを頭上に挙げて立ち上がる種目です。肩関節のほぐし、体幹の強化を一度に行えることが特徴です。

●ゴブレット・スクワット
　ケトルベルを胸に抱えてスクワットを行う種目です。下半身の柔軟性と強化だけでなく、身体全体の強化に効果があります。

初級2　動きの多様性と呼吸法、身体の調整法

遊びの要素のあるトレーニングと、ケトルベルを行う上で必須の呼吸法と身体調整法を紹介します。

● バラエティ種目

インストラクター認定テストや競技で行われるような正式な種目ではありませんが、柔軟で対応性の高い身体を作るための、様々な動きを紹介しています。

● アームバー・シリーズ＆モビリティ

腹部まで吸う呼吸方法や、関節をほぐして、よりトレーニングしやすいように身体を整える方法と、ケトルベルを使ったストレッチ種目、関節可動域を広げる動きを紹介します。

中級1　ケトルベルを1つ使って行う中級種目

中級編では、初級で身に付けた技術から展開して、他の種目へつなげていきます。

● クリーン

スイングに似た動きでケトルベルをラックポジション（胸元へケトルベルを収める姿勢）へ持っていきます。

● ミリタリープレス

腰から無反動でケトルベルを頭上へ挙げます。ただ腕力だけで行うのではなく、スイングやゲットアップで学んだ姿勢から呼吸などを駆使します。テクニックを突き詰めると非常に奥深い種目です。

● スナッチ

スナッチは持久力養成の王道です。スイングよりもケトルベルを高く挙げ、頭上まで持っていく種目です。パワーと持久力という本来相反すると思われている要素を同時に鍛えます。

中級2　ダブル・ケトルベルで行う中級種目

初級と中級で行ったスイング、スクワット、クリーン、ミリタリープレス、スナッチを2つのケトルベルを使って行う種目の他、いくつかの動きを行います。

上級　中級までを安全に行える人が行う種目

中級までの種目が安定して行えるようになった上で行うものを紹介しています。

●ジャーク

ジャークは瞬発力の王道です。脚と体幹を使った反動で頭上までケトルベルを持っていく種目です。シングルとダブルがあります。

●ベントプレス

ケトルベルを腕ではなく、自らが重量の下に潜ることで挙げていく種目です。

トレーニング方法

初心者向けや、競技向けに、どのような考え方でプログラムを組めばよいのか、具体的なトレーニングプログラムを紹介します。

目次

プロローグ 4
 活用のガイド 7

Part 1 ケトルベルとは何か？ 17

1．ケトルベルの世界 18
 ケトルベルの歴史 18
 ケトルベル・インストラクターとは？ 20

2．ケトルベルがもたらすもの 22
 ケトルベル・トレーニングの特徴 22
 ケトルベル・トレーニングの効果と身体 24
 ケトルベルで筋肉のバランスを整える 32
 女性にケトルベルを勧める理由 33
 リハビリ、整体におけるケトルベルの可能性 38

3．トレーニングに必要なもの 40
 ケトルベル 40
 滑り止めのチョーク 44
 手の保護具 —— 指なし軍手など 45
 必要のない物 47

4．ケトルベルの安全対策 48
 トレーニング環境について 48
 身につけるものについて 50
 安全なトレーニングのための注意点 52
 健康度チェック 56

Part 2　ケトルベル初級1　　　　　　　　　57

1. ツーアーム・スイング　　　　　　　　58
　ツーアーム・スイングの段階的練習法　　　59
　①ウォール・スクワット　　　　　　　　60
　②ケトルベル・デッドリフト　　　　　　62
　③ヒンジ動作　　　　　　　　　　　　　　　　64
　④ケトルベルを振り子のように前後に揺らす　66
　⑤尻を引き締める感覚をつかむ　　　　　　　　68
　⑥ツーアーム・スイング　　　　　　　　70
　呼吸について　　　　　　　　　　　　　72
　ツーアーム・スイングのチェック・ポイント　74
　正しいスイングの感覚をつかむ方法　　　76
　なぜ正しいフォームでスイングをするのか　78
　中級者、上級者に向けてのスイング　　　80
　流れで見る！　ツーアーム・スイング　　82

2. ワンアーム・スイング　　　　　　　　84
　ワンアーム・スイングの特徴　　　　　　84
　ワンアーム・スイングのフォーム　　　　86
　ワンアーム・スイングの要点　　　　　　88
　ワンアーム・スイングのチェック・ポイント　91
　ワンアーム・スイングの練習方法　　　　92
　流れで見る！　ワンアーム・スイング　　94

3. ゲットアップ　　　　　　　　　　　96
　肩のパック ── 肩を包む、固定する　　98
　ゲットアップのフォーム　　　　　　　　102
　手を床から離す際の注意点　　　　　　　110
　右から左、左から右へケトルベルを移動する方法　112
　ゲットアップ修得のためのトレーニング方法　113
　ゲットアップを利用したストレッチ　　　116
　ヘビー・ゲットアップ　　　　　　　　　118
　流れで見る！　ゲットアップ　　　　　　124

4．ゴブレット・スクワット　　　　　　　　128
　ゴブレット・スクワットのフォーム　　　　130
　ゴブレット・スクワットのポイント　　　　132
　上半身を使うスクワットのしゃがみ方　　　134
　スクワットの活用　　　　　　　　　　　　136
　ヒンジとスクワット　　　　　　　　　　　138
　流れで見る！　ゴブレット・スクワット　　140

Part 3　ケトルベル初級2　　　　　　　　143

1．バラエティー種目　　　　　　　　　　144
　フィギュア8ホールド　　　　　　　　　　144
　H2Hクリーン　　　　　　　　　　　　　145
　片足デッドリフト　　　　　　　　　　　　146
　ゲットアップ・シットアップ　　　　　　　147
　ホットポテト　　　　　　　　　　　　　　148
　デッキ・スクワット　　　　　　　　　　　149
　クラッシュ・カール　　　　　　　　　　　150
　ファーマー・ウォーク　　　　　　　　　　151

2．ケトルベルと身体の柔軟性　　　　　　152

3．クロコダイル・ブリージング　　　　　154
　クロコダイル・ブリージング（ワニ呼吸）　155

4．ジョイント・モビリティ　　　　　　　156

5．ストレッチ　　　　　　　　　　　　　158
　パンプ　　　　　　　　　　　　　　　　　158
　レッグ降下　　　　　　　　　　　　　　　159
　ブレッツェル・ストレッチ　　　　　　　　160

6. アームバー・シリーズ＆モビリティ　　161
　胸椎を開く、アームバー　　161
　ベント・アームバー　その1　　163
　ベント・アームバー　その2　　164
　ニーリング・ウィンドミル　　165
　ニーリング・ベントプレス　　166
　ロシアン・ツイスト　　168
　フロアープレス・エクステンション　　169
　ASLR ストレッチ　　170
　ケトルベル・コサック　　171
　HALO　　172

Part 4　ケトルベル中級1　　173

1. クリーン　　174
　正しいクリーンは様々な種目の土台　　174
　クリーンのフォーム　　174
　ラックポジション　　178
　ドロップ　　180
　練習方法　スイングとクリーン交互に　　182
　流れで見る！クリーン　　184

2. ミリタリープレス　　186
　ミリタリープレスのフォーム　　188
　挙がらない!?　間違ったミリタリープレス　　192
　ミリタリープレスのコツ　　194
　ミリタリープレスのトレーニング方法　　198
　流れで見る！ミリタリープレス　　200

3. プッシュプレス　　202
　プッシュプレスのフォーム　　202
　ミリタリープレスとプッシュプレスの比較　　204
　流れで見る！プッシュプレス　　206

4．スナッチ 208
スナッチのフォーム 210
スナッチのポイント 216
スナッチのあとは回復を 219
スナッチを使ったトレーニング 220
流れで見る！スナッチ 222

Part 5　ケトルベル中級2 225

1．ダブル・ケトルベル種目について 226
2．ダブル・スイング 228
3．ダブル・クリーン 230
4．ダブル・フロント・スクワット 234
5．ダブル・ミリタリープレス 236
6．シーソープレス 240
7．フルテンション・ロー 242
8．ダブル・ハイプル 244
9．チェーン、コンプレックス 246

Part 6　ケトルベル上級　247

1. ジャーク　248
ジャークのフォーム　250
ハーフ・ジャーク・ドリル　252
オーバーヘッド・ウォーク　257
ロングサイクル・ジャーク　258
タイムセット　260
ダブル・ジャーク　261
流れで見る！　ジャーク　264

2. ベントプレス　266
ベントプレスのフォーム　268
ベントプレスのポイント　270
流れで見る！　ベントプレス　274

Part 7　トレーニング手法　277

1. トレーニングと生理学　278
ケトルベルと筋肉の肥大　278
トレーニングと回復　279
トレーニングを快適に　281
広背筋とケトルベル　283

2. トレーニングメニュー　288
回数とセット数について　288
トレーニングの心得　291
初心者向け 2 ヶ月のトレーニング例　293

3. 様々なトレーニング手法　296
HOC トレーニング── High Octane Training　296
EDT ── Escalating Density Training　297

デンシティ・トレーニング── Density Training	300
インターバル・トレーニング	300
心拍数トレーニング	301
40日トレーニング	302
速筋と遅筋を活用したトレーニング方法	303
左右差を解消するトレーニング	306
トップアスリート向けトレーニング	308
チームスポーツにおけるケトルベルの活用	310
SPP（Specific Physical Preparedness）	312
グリップトレーニング	313
ミリタリープレス　高重量トレーニング	316

エピローグ──「カロス・ステノス（美しい力）」　318

Part 1

ケトルベルとは何か？

▶ ケトルベルの世界

▶ ケトルベルがもたらすもの

▶ トレーニングに必要なもの

▶ ケトルベルの安全対策

1. ケトルベルの世界

ケトルベルの歴史

　最近では、毎年のように様々なトレーニング器具が通販や雑誌で紹介されては消えていきます。しかし、ケトルベルはこうした流行(はやり)ものとは違います。

　ケトルベルの歴史は古く、18世紀初頭には、ロシアでギラ（Girya）という名称で存在していました。この時代は、日本においては宝永年間（西暦1704～1710年）、あの有名な忠臣蔵事件の直後の時期にあたると言えば、その歴史の古さが実感できます。

　その後、19世紀末～20世紀初頭にかけて盛んになった、ロシア、ヨーロッパ、北米のボディー・ビルディングブームで、ケトルベルの使用が確認されています。

　日本では、1937年に出版された書籍『怪力法並に肉体改造体力増進法』（若木竹丸著）にケトルベルが紹介されています。当時のアマチュアレスラー・北畑兼高氏がロシア人のジョン・ケンテルより製造方法を教わって自作したという56kgのケトルベルを、ブリッジした状態から挙げている写真が掲載されています。

ドイツのアーサー・サクソン（1878～1921）のケトルベルを用いたトレーニングマニュアル。

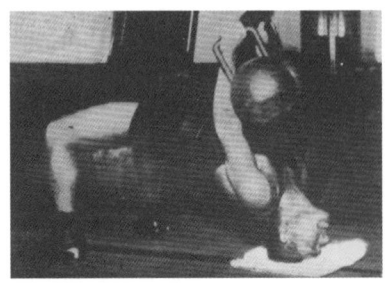

アマチュアレスラー・北畑兼高のケトルベルを用いてのブリッジ。

ロシアでは、その後も伝統的なトレーニング器具として使われ続け、20世紀半ばよりギレヴォイ・スポーツというケトルベル競技も行われています。

2001年頃にはロシアからアメリカへ渡ったパベル・ツァツーリン（Pavel Tsatsouline）が、ケトルベル・インストラクター認定コース"RKC（Russian Kettlebell Challenge）"を始めます。

パベル・ツァツーリンは、旧ソ連軍の特殊部隊でケトルベルやトレーニングの訓練担当を経験し、その後アメリカへ移住しました。

ソ連特殊部隊で体験したハードスタイル・ケトルベル、ストレッチ、デッドリフト等のパワー・リフティング技術をアメリカで教えたところから、世界規模でのケトルベル認定コースの発足へとつながっていきます。

現在、パベルはStrongFirstという組織を設立し、2012年以降、新たにSFG（StrongFirst Girya）ケトルベル・インストラクター認定コースを発足、世界展開し、またトレーニング関連で様々な著作や講習活動に邁進しています。現在アメリカのトレーニング界でパベルの名は広く知れ渡っています。

インストラクターコースでの筆者。

ケトルベル・インストラクターとは？

　日本ではまだまだ馴染みが薄いケトルベルですが、先ほど紹介したように、アメリカのミネソタ州でRKC（Russian Kettlebell Challenge）というケトルベル・インストラクター養成コースが始まったのが2001年頃のことです。
　1度のイベントで数十名のインストラクター候補の受講生が参加し、チーフ・インストラクターのパベル・ツァツーリンをはじめとした上級インストラクターが指導とテスト採点を行い、アメリカだけでなく全世界にケトルベル認定インストラクターを輩出しています。
　私も2007年にアメリカのミネソタ州で行われたコースに参加して合格後、日本でケトルベルの販売と指導を今日に至るまで展開してきました。
　2012年に諸事情あってRKCからトップのパベル・ツァツーリンが独立し、StrongFirstという会社を設立し、新たにSFG（StrongFirst Girya）というケトルベル認定コースを開始しました。
　馴染みのインストラクターたちを追って、私も現在はSFGのインストラクターコースに参加を続けています。
　現在アメリカ、カナダ、ヨーロッパ、オセアニア全域でコースが実施され、2011年以降は韓国でも行われるようになり、地理的に近い韓国で行われていることで日本人インストラクターも少しずつ増えているのが現状です。

　ケトルベル・インストラクターコースの合格基準はいろいろあり、全部に合格しなければなりません。
　参考までにレベル1の認定コース合格基準の一部を以下に抜粋します。

50歳未満体重60kg以上の男性の場合
- ●ワンアーム・スイング　24kgケトルベル　左右10回ずつ
- ●ゲットアップ　24kgケトルベル　左右1回ずつ
- ●ミリタリープレス　24kg左右5回ずつ
- ●クリーン　24kg左右5回ずつ
- ●ダブル・フロント・スクワット　24kg×2　5回
- ●スナッチ　5分以内に24kgで100回

さらにレベル2は、自体重の半分重量ケトルベルでミリタリープレスを1回、ゲットアップも同じ重量で左右1回ずつ、32kg×2でダブル・ジャーク等、延々と続きます。

仮に不合格だった場合は、後日3ヶ月以内であればビデオ追試が可能です。

一見厳しい基準に見えますが、これを乗り越えると次の世界観が見えてきます。

受講者はトレーナーやコーチだけでなく、一般人や軍、警察、消防関係者と多岐にわたります。

また、パワーリフティングや自重トレーニングとのプログラム連携も密接にあり、ケトルベルだけでなくトレーニング全般について多くを学ぶことができます。

インストラクターコースでの筆者。

2. ケトルベルがもたらすもの

ケトルベル・トレーニングの特徴

偏った重心が生むメリット

　ケトルベル最大の特徴は、重量が一方向に偏っていることです。これは、ダンベルやバーベルとは全く異なる点です。

　器具の重心が、握っている手から離れていることで、極めて特異な形で荷重がかかります。

　この特徴によって身体に高負荷をかけることもできますし、そのアンバランスな重さを利用したストレッチ効果もあります。

　また、この重量の偏りは、安全面にも関係しています。ハンドルが手のひらにひっかかっていれば、手を広げてもケトルベルが落下することがなく、この落下しない安心感がトレーニングの集中につながります。

ケトルベルの重心は、持ち手から離れた位置にある。
この重心の偏りによる作用が、トレーニングの効果や安全性に重要なポイントとなる。

振ることで生じる遠心力

最大の効果は、ケトルベルを「振る」ことで発揮されます。

球体であることで空気抵抗による重さは減りますが、箱型の物体やダンベルを振るのとは比較にならないほどの遠心力が発生します。

20kgのダンベルは挙げても下ろしても、あるいは振っても、ほぼ20kgのままです。ですが、20kgのケトルベルが及ぼす負荷は遠心力が掛け合わされることで、未知数の数値になります。

また、反動で振り挙げる動力は全身の連動を使います。特にスナッチは身体全体の筋肉50％以上をわずか2秒ほどの短時間で動員すると言われています。

振り下ろした時の負荷

振り挙げる時だけでなく、振り下ろした時にも身体へ大きな負荷がかかります。24〜40kgの鉄球が上から落下するのを、スムーズにしかも美しいフォームでコントロールする必要があるからです。

一般的にウエイト・トレーニングは筋肉を鍛えることに着眼点を置いていますが、ケトルベル・トレーニングは「動きを鍛える」と捉えるとわかりやすいでしょう。

美しいフォームで重い重量と共存・反発し合うことで、身体が次第に変化していきます。

ケトルベル・トレーニングの効果と身体

　ケトルベルは筋肉以上に動作のトレーニングです。では動作とは何でしょう？　瞬発力とは？　筋力とは？　それらを鍛えるにも、まず柔軟性や持久力が必要不可欠になります。

　私の認定インストラクターだったマーク・リフキンドが、その師ポール・チェックが唱えた「トレーニング優先順位」を次のように表現しています。

トレーニング優先順位

①モビリティ
　モビリティとは、柔軟性、関節可動域のこと。モビリティが高いとは、筋肉の伸びだけでなく、肩や股関節、足首などの可動域が広いことを言います。

②スタビリティ
　小さな可動域でバランスを維持する能力です。

③力
　ある重量を一定距離動かす能力です。ケトルベルを上へ挙げるのも、荷物を背負って1km歩くのも力です。今ある筋肉をどれだけ伸縮して力を発揮するかの能力になります。

④持久力
　一般的には心肺機能を指しますが、運動を継続できることを考えると関節が広範囲に動くこと、そして血管を圧迫することなく筋肉が収縮できるスキルも持久力です（図1参照）。つまりモビリティ、スタビリティ、力も持久力の要素になるのです。これらができた上で最大酸素摂取量を上げるなどの心肺機能向上が持久力です。

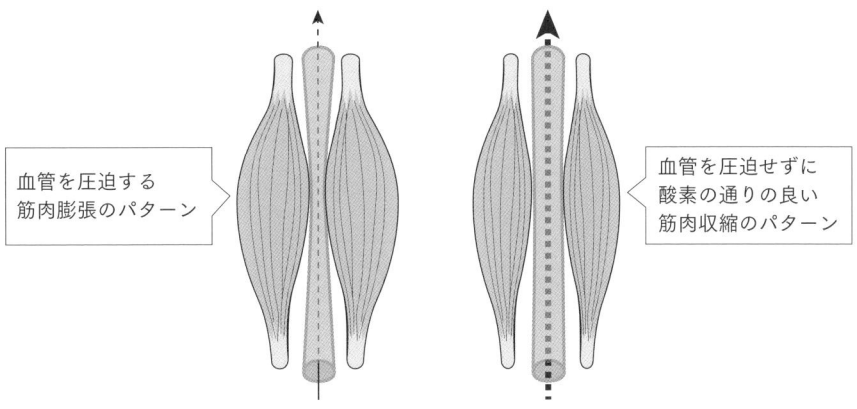

図1：持久力と筋肉膨張のパターンの関係性

血管を圧迫する筋肉膨張のパターン

血管を圧迫せずに酸素の通りの良い筋肉収縮のパターン

⑤パワー

　重量を一定距離動かすのが「力」だとした場合、「パワー」とは、それを一定時間内に発揮する能力です。24kgのケトルベルを上へ1秒で挙げる方が、32kgのケトルベルを3秒で挙げるより、「パワーがある」と言えます。

モビリティの感覚── Find Space（＝ 空間を探す）

　関節の可動域や筋肉の柔軟性をどう促進するか。これは頭で描くイメージも大切になります。トレーニングの際には、"Find space"つまり、"空間を探す""隙間を探す"イメージを描いてください。

　例えば、腕を上へ伸ばすと脇が緩み空間ができたような感覚ができます。また、どこかにぶらさがると、股関節から脚が抜けた感覚が起こります。このような、手足を伸ばした時、抜いた時の関節が最も柔らかい状態です。

　その時に関節にどれだけ空間があるか、これがモビリティつまり関節可動域です。関節や筋肉に空間があれば、それだけ身体を動かす余力や筋肉を収縮する余力が生まれます。そのような意味では、柔軟性とパワーは同意語といえます。

　本書で言う、パワーを鍛える、力を鍛える、持久力を鍛えることが、モビリティ（柔軟性、関節可動域）と直結しているものと考えてください。

トレーニング種目と期待できる効果

　ケトルベルのトレーニングでは、常にモビリティ、スタビリティ、力、持久力、パワーをできるだけ一度に鍛えるようにしています。

　特にモビリティ、つまり筋肉や関節の柔軟性は、例えば男性では40kgや48kgのケトルベルを挙げるにあたって必須になります。

アームバー・シリーズ＆モビリティ
　胸椎や肩関節、股関節の可動域を広げます。

ゲットアップ
　モビリティに加え、スタビリティを向上させます。重いケトルベルを使うとそのまま力養成ナンバーワン種目に早変わりです。

スイング、スナッチ、ジャーク
　腸腰筋の柔軟性を促進しつつ、臀部と広背筋のパワーを強化して身体の連動に使われる筋肉群を伸縮していきます。スナッチ、ジャークは首や肩の柔軟性や強化を促進します。

スクワット
　上半身のスタビリティと下半身の柔軟性を向上します。

ミリタリープレス
　身体の総合力です。モビリティからスタビリティ、力と持久力、パワー全てを使います。

人体に備わるモビリティとスタビリティ

トレーニングや運動療法などで使われる理論によると、図2のように、本来、人体にはモビリティとスタビリティは身体の上下にわたり交互に配置されていると考えられています。

しかし、スタビリティとモビリティの役割が逆転してしまう、つまりモビリティの役割を果たすべき部位をスタビリティに使い、スタビリティ部位をモビリティに使ってしまうことが、怪我や歩行障害の遠因になります。

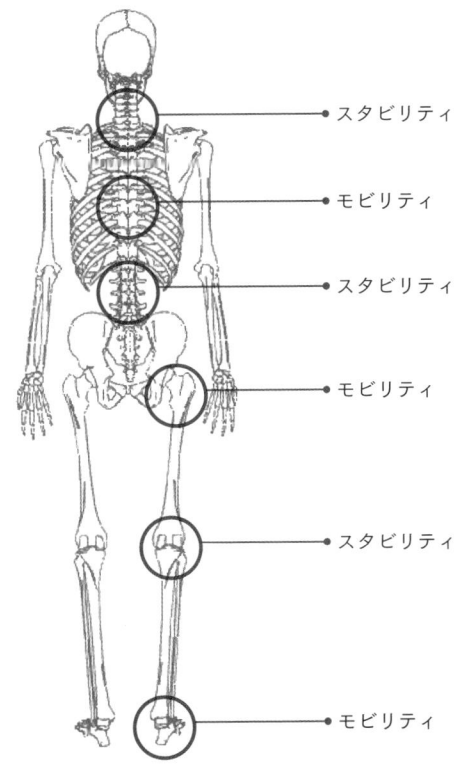

図2：人体に備わるモビリティとスタビリティ

脱力とパワー出力

　最大限の力を発揮する人は、同時に力を抜く脱力の名人です。

　骨格や姿勢を維持する筋肉の作用を残しつつ、肩や脚を完全に脱力することが、パワーや瞬発力を発揮する原動力でもあります。

　動作開始の時点でパワーが0の状態から、100のパワーを発揮する場合、100 − 0で、出力は100です。

　ところが、動作開始時点で脱力できず、既に30の力がこめられていると、100 − 30なので、70の出力です。

　最初から力をこめたまま物を挙げると、それ以上力をこめる筋肉が残らないため、本来は挙がるべき重量も挙がらなくなるのです。

　もし武道やスポーツ、ヨガ、あるいはリラックス療法の呼吸法スキルを持っている場合は、それらをケトルベルのトレーニングに適用してください。

主な脱力方法

　脱力をするために有効なのが、手や脚を振り、肩をゆすることです。両手両脚1分ずつ継続して行います。

　また、こぶしと腹部に力を思い切りこめ、"これ以上力をこめられない"と思ったところから、さらに力をこめてから力を抜くと、筋肉が自然にほぐれるようになります。

　深呼吸や瞑想なども、脱力を覚える良い方法です。ヨガや武道、ボディーワークなどで既に呼吸法やリラックス法をご存じの方は、それらを行っても良いでしょう。

　実際にヨガ・インストラクターだった方が、ケトルベルやバーベルで力を発揮した例もあります。リラックスするための呼吸方法とパワー発揮は無縁ではないのです。

挙げた重量よりも理想のフォームを

　バーベルのベンチプレスでは「何kgのバーベルを挙げたか」が、進歩の基準になります。ところが、ケトルベルのスイングは、何をもって正しく挙がったのか、成功したと言えるのかは、明確ではありません。

　よく「慣れて軽くなったので、次は何をすればいいですか？」と聞かれま

すが、その答えは「もっときれいにスイング」です。

　意地悪な回答ですが、ケトルベル・インストラクターの認定コースでも、この点を強調しています。何kgを何回という基準より、動きの良さや美しさが重要なのです。
　スポーツにも、野球やサッカーのように得点を競う競技と、体操やフィギュアスケートのように美しさを競う競技があります。
　ケトルベルのスイングは、どれだけ動きがスムーズであるかが合格基準です。そして、良い動きを繰り返し何回できるか、それが重いケトルベルでも同じようにできるかが重要になります。
　24kgで完璧なスイングが10回、20回できた後に、32kgを手にするとフォームが崩れ始めます。24kgでできたスイングを、今度は32kgでもスムーズにできるよう、質の高い動きを目指すのです。

　スイングを極めたところでどのような効果があるか？　それは、スポーツや格闘技を実践する場面で実感できます。
　スポーツに限らず、普段の日常生活で疲れなくなった、長距離を歩けるようになった、登山やハイキングで体力向上を実感した、息切れしなくなった等を体感できると思います。

「エリートとそれ以外の者の違い、
　　エリートはそうでない者より
　　　　基本をしっかりこなしている。」

デュエイン・スタントン　アメリカ空軍パラレスキュー隊員
RKC インストラクターマニュアルより抜粋

　多くの人が初心者から中級者へ、中級者から上級者へと、すぐに進みたがります。ケトルベルの基本を数ヶ月トレーニングし、トレーニング慣れすると、誰もが「次の種目、次の重さ」を求めがちです。
　しかし、一流アスリートでもケトルベル初心者が行う種目から離れることはありません。
　野球のバッターは少年野球でもプロ野球でも１本のバットでスイングします。上達したからといってバットが２本に増えることはありません。バットを縦に振ることもありませんし、キャッチャーの方を向いて振ることもありません。
　10年、20年と同じスイングを継続することが、プロ野球選手のバット・スイングを作るのです。ケトルベルも同じです。スイングを繰り返し、フォームの品質を磨くのです。
　右の図は、ケトルベル種目を目的別に区分したものです。
　図の中の「リハビリ」とは怪我や歩行の不自由な方向けのものです。「パワーアスリート」とはパワー・リフティングや重量挙げなど、高重量が得点に直接つながる競技者を指しています。
　これを見ても、ケトルベルの基本であるワンアーム、ツーアームの「スイング」が全ての領域に重なっていることがわかっていただけるはずです。

リハビリ
- ケトルベル・ストレッチ
- ケトルベル・デッドリフト

ケトルベル初心者
- アームバー
- ツーアーム・スイング
- ワンアーム・スイング
- クリーンアップ
- ゴブレット・スクワット

週4回以上練習しているアスリート
- スナッチ
- ミリタリープレス
- ベントプレス

パワーアスリート
- ダブル・ケトルベル種目
- ジャーク

ケトルベルで筋肉のバランスを整える

「ケトルベルのトレーニングはどこの筋肉に効くのですか？」
という質問を受けることがあります。その答えとしては、「概ねほぼ全身に効きます」となります。

「筋肉に効かせる、鍛える」という目的であれば、部位によってはバーベルや自重トレーニングの方が優位な場合もあります。しかし、ウエイト・トレーニングなどの一般的な筋肉トレーニングは、鍛えたい部分が偏る傾向があります。

鍛え方が偏ると、かえって身体の機能に悪影響を及ぼし、痛みや不調の原因になることがあります。ウエイト・トレーニングでは偏って鍛えられる傾向があり、その結果、僧帽筋上部、大胸筋、小胸筋、上腕二頭筋、大腰筋、梨状筋、ハムストリング、ヒラメ筋などに悪影響をあたえることがあるようです。

もちろん、これらのトレーニングを行うことが駄目なのではありません。一部を過度に鍛えることで、互いに引っ張り合う筋肉（対抗筋）との関係が崩れてしまうことが、問題なのです。

上に述べた、一般的なウエイト・トレーニングで鍛えられる筋肉と引っ張り合う関係にある筋肉は、菱形筋、広背筋、上腕三頭筋、大臀筋、腹直筋、三角筋といった部位です。こうした部位は、実は放っておくと弱くなる筋肉で、対抗筋の関係が崩れることで身体の機能に影響を及ぼしてしまいます。ですから、これらの筋肉も意識的に鍛えなければなりません。とくに広背筋、大臀筋が最優先になります。

例えば、広背筋を鍛えると、緊張しやすい僧帽筋上部を引っ張ってくれます。これで肩こりの原因が１つ消滅します。

放っておくと弱くなる筋肉を鍛えるためには、ケトルベル・トレーニングが有効です。各筋肉と対応する種目は次のとおりです。

菱形筋 ― ミリタリープレス、ゲットアップ
広背筋 ― スイング、デッドリフト、ミリタリープレス、ジャーク
三角筋、上腕三頭筋 ― ミリタリープレス、ジャーク

大臀筋 ― スイング、ファーマーウォーク、デッドリフト、ダブル・フロント・スクワット
腹直筋、腹斜筋 ― スイング、ゴブレット・スクワット

　これだけの種目をすべてこなすと言われると、二の足を踏む方もいるでしょう。「もし1種目選ぶとしたら？」と聞かれたら「スイング」と答えます。「スイング」1つだけで99パーセントのトレーニングが成り立ちます。

女性にケトルベルを勧める理由

「クライアントの80パーセントは女性だよ」
「えっ!?」
　私が最初に受けたアメリカでのケトルベル・インストラクターコースで聞いた、アシスタント・インストラクターの言葉に、私は驚いてしまいました。
　アメリカは慢性的に肥満率の高い国です。そうしたこともあり脂肪燃焼効果を狙って、アメリカでは多くの女性がケトルベルを習いに来るそうです。
　日本、そして隣の韓国では、パワーや持久力向上を主な目的とする傾向があることから、自然と男性人口が多くなります。ですが、日本でも男性だけでなく、女性にもケトルベルを使っていただきたいと私は考えています。
　女性にケトルベルを勧める理由は脂肪燃焼効果以外にもあります。それは、スタイルが良くなることです。
　ケトルベルのスイングでは、尻を引き締めて、緩める、という反復をします。この反復がヒップアップにつながります。
　また、肩の可動域を広げ、胸の骨格である胸郭も整うので、姿勢が改善されます。
　普段、女性ケトルベル習得者とはトレーニングウェア姿でしかお会いしないのですが、ドレスアップしている姿を見ると、その姿勢の良さに驚くことがあります。
　力が弱い女性には習得が難しいと思われがちですが、私はそうは思いません。理由は、ケトルベル・トレーニングの本質が、下半身の動力で上半身

の力を発揮するところにあるからです。

　一般に女性は、男性に比べて上半身の筋力は弱いのですが、体重対重量比（体重に比して持てる重量比）は男性を遙かに凌いでいますし、骨盤まわりの柔軟性も高い傾向にあります。ですから、なまじ上半身の力に頼らない動きが身につきやすいと考えています。参考までに、女性を担当しているケトルベル・インストラクターの声を掲載します。

寄稿「女性とケトルベル」

（SFG2 ケトルベル・インストラクター　花咲拓実）

　日本でケトルベル・トレーニングを取り入れている女性の印象として、ダイエット目的よりクロスフィット（ケトルベルやバーベルを使った複合フィットネス・スポーツ）やギレヴォイ・スポーツ（ケトルベル競技）などの一環として行っている方が多い気がします。どちらも柔軟性が備わっているためか、フォームが綺麗な方が多いです。

　ダンベルやバーベルなどを使うウエイト・トレーニングといえば筋肉が大きくなるというイメージがありますが、ケトルベルはそれとは異なり、多くが全身運動を行う種目であるため、筋肉の肥大化に特化したものを行わない限り、一般に思われる様な筋肉肥大効果はありません。

　ケトルベル・トレーニング特有の効果、それはまず脂肪燃焼です。全身運動で運動量を上げると、心拍数が上昇して効率の良い脂肪燃焼を行うことができます。スイングは全身運動を最も体感しやすい種目です。

　特に、尻の筋肉をよく使うためにヒップアップ効果が期待できます。さらに、股関節まわりの運動は便秘改善や腰痛予防が期待できます。

　二つ目の特徴は、腹式呼吸の習得です。女性は胸式呼吸を行う方の割合が高いと言われています。ケトルベルでの運動では、意識的に腹式呼吸を行いながらフォームを習得するため、自然に腹式呼吸ができるようなります。

　三つ目に、怪我をしにくい身体を作ることができます。筋肉だけでなく骨や腱、靭帯が強化されるのです。身体の使い方が上手くなるので、日常生活で力が無いがために不便になることが少なくなります。

　また、産後のトレーニングにも役立ちます。産後の身体の状態として、骨

盤底筋や内転筋が弱っている方が多いため、その辺りをケトルベルのスイングなどで強化できます。医師や専門家にご相談した上での実践が必要ですが、産後の身体のトラブル防止に役立つでしょう。

　手始めに女性が使うケトルベルの重量としては、運動経験にブランクある方、力に自信が無い方は8kgが適切です。8kgでもできない種目がありますが、続けていれば次第にできるようになります。

　女性でも、運動実績があり、力に自信ある方は12kgが適切です。

　トレーニングの頻度としては、ダイエット目的であれば、1日10分以上のスイングを週4〜5回、これを1ヶ月継続すると効果が体感できます。

寄稿「女性が行うケトルベルについて」

（Retro Warrior Training LTD. RKCケトルベルインストラクター　マイケル・ガラン）

　女性にとってケトルベルは、骨盤まわりのモビリティと、力の向上に効きます。生来、女性の身体は上半身で重い物を挙げるようにできていません。

　その反面、女性はケトルベル・トレーニングを通して下半身の力を上半身へ伝達することが、男性以上に上手くなります。

　パワー、運動機能、脂肪燃焼効果、モビリティ、持久力、これらの向上はスイングとデッドリフトで養うことができます。

　スイングの動作は身体の構造上、男性より女性の方が習得しやすい動きです。尻の引き締めは、女性なら誰もが達成したい目標ですが、これも実現します。

　また、筋肉肥大を心配している女性へ、私は「力を鍛えることと持久力トレーニングは全く別の物である」と説明しています。

　そのため、女性向けトレーニングでは、目標に沿って次の3つを調整しています。

- ●回数・セット数、1週間あたりのトレーニング日数
- ●テクニック向上
- ●バリエーションを加える

　少しチャレンジが必要なのは、力の要素が強い種目、例えばゲットアップを習得する時です。仰向けでケトルベルを持ちながらスタビリティを維持するのには時間がかかります。特に立ったところからランジ（片膝立ち）に落ち着く場面と、膝を着くために足を引きずる部分は、非常に難しいのです。腕に力を入れるところが苦労するポイントですが、一度バランスよくケトルベルを制御できると、新たな領域を開拓できます。

　私のクライアントに、アメリカの大会に参加している女性ボディー・ビル選手がいます。彼女の場合、体重を落とすことと、脂肪率を一定に維持することを短時間で行う必要がありました。ここでケトルベルが活用できます。オフシーズンは力をつけるトレーニングをケトルベルを使って行い、大会間近になるとケトルベルを軽いものにして高回数の持久力トレーニングを行っています。

男女関係なく活用できるケトルベルの魅力

　大阪で指導しているインストラクターの一人、マイケル・ガランは、女性に向いている種目としてスイングを筆頭に挙げていますが、ミリタリープレスなどのケトルベルを頭上に挙げる種目であっても、女性に必ずしも不向きであるとは限りません。

　アメリカでは、女性でも24〜36kgのケトルベルを用いての無反動のミリタリープレスを挙げた事例がいくつかあります。これは極端な例ですが、それでも12kgや16kgをごく一般の女性が無反動で挙げることも珍しくありません。

　女性の場合、胸部を保護するための工夫が必要ですが、一般に男性と比較して身体が柔らかいため、それがミリタリープレスでは優位に働きます。柔らかい筋肉＝挙げるための資源と考えてよいでしょう。

　実際にある女性がミリタリープレスに挑戦した時のことです。16kgをラックポジションから挙げる際、途中で動きが止まりました。男性であれば3秒ほどで挙がらなければ、そのまま挙がらなくなります。しかし、この女性の場合、3秒経過して「もうダメかな」と思った瞬間に温存していたと思われる予備エネルギーを発揮して、成功させたのです。

　もちろん男性に比べて相対的に挙げられる重量は軽く、男性のケトルベル重量の上限が48kgだとすると女性は24kgです。しかし、男性にできて女性にできないケトルベル種目は基本的にありません。基本種目に慣れた後も、色々な種目に挑戦してください。

ミリタリープレス

リハビリ、整体におけるケトルベルの可能性

　私が数年間ケトルベルセミナーを開催した中で、接骨院や整骨院の先生方がよく参加されていました。セミナーでは、ケトルベル認定コースで教わったままをスポーツや格闘技向けトレーニングとして伝えていたのですが、医療や整体の施術にも適用できるようで、多くの方がリピーターになってくれました。
　その中で、実際にケトルベル認定コースに参加した小野卓弥が、自身の整骨院でケトルベルやストレッチ等を取り入れて、患者さんのリハビリで効果を発揮しています。

寄稿「リハビリテーションにおけるケトルベル・プログラム」

小野卓弥（SFGケトルベルインストラクター）

　整骨院の主業務＝医療ですので、当院ではケトルベルの使用は以下4つのことを実施しています。
1．直接的なリハビリ行為の一端として使用
2．怪我の予防をするのに、どの様な身体部位の使用方法のクセがあるのか、などを見極める方法として使用
3．怪我をしない身体作りの訓練≒学習の意味でのトレーニング
4．身体能力を直接向上させるためのトレーニング

　ケトルベルの使用年代の実績は10〜90歳までと広範囲に及び、どのようなスポーツを行っているか、体力的な基準、男女差などは、ケトルベルを使う障壁とはなっていません。使用にあたっては、私がそれぞれの適正を見極め、何を行うかを判断しています。医療として施設内で使用する場合は、プロの観点と判断が必須条件で最も重要です。その上で、一般的な体力値さえあれば、後述する基本種目を普通に行うことで、充分にリハビリとしての機能を満たします。また行ってもらうことも、リハビリ用にアレンジしたものではなく、ケトルベル・トレーニングそのままです。ダンベルやバーベルに比べて、リハビリにおけるケトルベルの利点は以下の通りです。

1．ハンドルの位置が高く、強い前傾姿勢を行う必要ない

リハビリは弱っている状態の方に行うものです。器具が強制的な姿勢を求めることは、リハビリにおいてあってはなりません。足台を使用するなど、通常のことが出来ない方へは対処が必須ですが、ケトルベルのハンドルの高さが有効です。

2．ハンドルが太い

ハンドルが太いことで指に過度な負荷をかけません。ハンドルが細い場合、指に過度な負荷がかかり、腕が過度な筋出力をすると全身の血流が悪くなり、リハビリが遅くなる恐れがあります。また、胴体の前に腕が稼動するという悪い癖がつく可能性があり、これによって再負傷の可能性を高くします。

90歳の女性が転倒による負傷からケトルベルで復活！

当院でケトルベル・トレーニングを採用した事例としては、90歳女性で路上歩行中に転倒して膝の皿を骨折した方へのリハビリが挙げられます。このケースでは、日常生活の中での上半身の運動性が、極めて少なくなることが予想されたので、ケトルベル・デッドリフトを提案しました。結果として、転倒による負傷以前以上に肩甲骨の可動域が増して動きが向上し、下肢のリハビリも順調に進みました。

ご本人も怪我をする以前より、現在の方が身体操作レベルが上がっていることに驚かれ、現在もケトルベル・デッドリフトに取り組み、以前よりもレベルの高い運動動作を実現しています。

この例の他にも、35歳男性で職場で後方に大きく転倒したことで肩甲骨が3つに割れた（重複骨折と言います）方の事例でも、手術を担当したドクターが「8ヶ月かかります」と断言したリハビリが、3ヶ月で通常の健常者と全く同レベルの動作が可能になりました。

あまりに早期の治癒とリハビリ終結に、医師が確認のため精密に画像撮影（MRI）による再検査をおこなったところ、完治を再確認しました。

むしろ怪我をしていない側の肩以上に可動域が広がっており、総体的な運動能力、この場合は顕著に柔軟性が向上したのです。

3. トレーニングに必要なもの

ケトルベル

ハンドル

ハンドルは手を握るハンドル部分と球体に直結している2ヶ所のホーンの総称です。ハンドルの持ち具合が重要になります。

推奨は、ホーンの長さが6センチ前後です。球体が前腕に当たるだけの長さが必要になるからです。

ハンドルがあまりに短いと球体が手首関節に当たり、痛みを伴います。これは推奨しません。

ハンドルの太さは最大で直径3.8センチ、どんなに太くても4センチが上限です。太いハンドルは握るグリップ力を鍛える反面、主要種目のテクニック習得の邪魔になります。

ハンドルを握った時に、親指が人差し指の爪に届く程度の太さでしたら問題ありません。

表面塗装など

ハンドル、球体ともに、電着コーティングされたものをお勧めします。

GS（ケトルベル競技）用に球体がペンキ塗装され、ハンドルが塗装されていないものもありますが、これもお勧めです。

ペンキ塗装が厚いものは、塗装が剥がれた時に表面が荒くなり、握る際に手のひらを傷つける可能性があります。ハンドルだけでも塗装なしか、薄い塗装のものが良いでしょう。

その他、ゴムコーティングなど、球体を柔らかい素材で包んだものもありますが、ハンドル部分は電着コーティングもしくは塗装されていないものをお勧めします。

ハンドル

ホーン

球体

24kg　　　16kg　　　12kg　　　8kg　　　4kg

ケトルベルの種類は2つ

ケトルベルには、いわゆる通常のものと、競技用のものがあります。

通常のものは、鋳型に流し込んで制作されたものです。一般に出回っている鉄製品やバーベルプレートのように中まで原材料である鉄が詰まっています。

競技用ケトルベルは、8～32kgまで同じ大きさです。軽いものは中に空洞があり、重い物は空洞の重りを加工しています。また、ハンドルも細くなります。どちらもそれぞれ特徴がありますが、好みに応じて利用してください。本書では通常のケトルベルを使って説明していきますが、競技用ケトルベルでも問題なくトレーニングすることができます。

お勧めしないケトルベルの特徴

・ハンドルに滑り止め用に表面が荒く削られているもの

ダンベルやバーベルのようなローレット（表面を荒く削った滑り止め加工）はケトルベルに必要ありません。ハンドルを握っている時にケトルベルが遠心力で動くことが多いため、ローレットがヤスリのように握る手の表面を削ってしまいます。

・ハンドルが短いもの

ハンドルが短いと手首関節に球体が当たります。手首は筋肉や脂肪の保護がないので、球体が当たれば痛いだけでなく、手首をまっすぐにすることができないため、あらゆる種目に影響します。

・球体にハンドルが溶接されているケトルベル

時々球体とハンドルを別に制作して溶接されたものが出回っていますが、過去に落下やケトルベル同士の衝突で、ハンドルが欠損した事例があるので注意が必要です。ハンドルと球体が1つの鋳型で制作されたケトルベルを選んでください。

・重量可変ケトルベル

　バーベルプレートを入れることで重量が変えられるケトルベルがあります。便利なように思えますが、インストラクターとしてはこれを推奨しません。行える種目が著しく限られてしまうからです。

　またケトルベルの遠心力に球体の形状が関係していることを考えると、これはケトルベルとはいえません。

ケトルベルの重量の選び方

　ダンベルとは違い、同じ重さを2つ揃える必要はありません。手始めは1つ購入してください。

　開始重量は、一般に男性なら16kg、女性なら8kgで良いでしょう。

　ただし、骨格や背丈の大きい男性であれば20kg、女性で10〜12kgを、またパワーリフティングや重量挙げを日常的に実施している男性なら24kg、女性は16kgがお勧めです。

　また、50歳以上であれば、男性12kg、女性6〜8kgをお勧めします。

　一般の練習者が2つ購入する場合は、もう1つは開始重量より1つ軽いものをストレッチ用に用意すると良いでしょう。

　3つ用意できるのであれば、軽中重の3種類を用意します。

　同じ重量を2つ揃えるのは、ダブル種目用、つまり筋肉増量やパワー・アスリート向けです。もちろん一般の方もダブル・ケトルベルでトレーニングすることができます。

　また、使用しているケトルベルが軽くなったと感じた場合、それを廃棄・売却しないことをここでお勧めします。軽くなったものをストレッチ等に有効利用できるからです。

滑り止めのチョーク

　ケトルベル・トレーニングを続けると、手のひらが荒れる問題が発生します。ハンドルを握りながらケトルベルを振れば、手の中でハンドルが激しく動きます。すると手の皮が厚くなり、皮がめくれることも珍しくありません。
　しかし、ハンドルが滑りやすいと、「落とすのでは？」という心配も生じます。滑るのではないか？　もし滑ってケトルベルが落ちたら？　という心配があると大切な動きに影響し、できるものもできなくなる可能性があります。手のひらで感じる不安は腕の筋肉を硬直させ、胴体の力を動員しなくなるからです。
　そこで、滑り止めのチョークを手につけることをお勧めします。

チョークの使い方は、種目によって若干違う

　スイングやスナッチのように、握った手のひらの中でハンドルが激しく動く種目では、ハンドル部分もしくは指へつけてください。手のひらにチョークをつけると逆に皮が剥がれることがあるからです。
　ミリタリープレスなどのハンドルを握り締め続ける種目に関しては、手のひらもまんべんなくチョークを付けてください。

チョークの種類について

　滑り止めのチョークは、山岳グッズ店のロック・クライミング用品売り場等で販売されています。
　チョークには、粉末状やブロック状、液体状のものがありますが、どれを使ってもさほど違いはありません。
　液体状のチョークは、アルコールとチョークを混ぜたもので、乾くとチョークだけが残ります。
　液体チョークの中には松ヤニを混ぜたものもあります。これも効果的ですが、ケトルベル本体に付着したまま、しばらく落ちないという難点があります。

手の保護具 ── 指なし軍手など

　スイングやスナッチは、握ったケトルベルのハンドルが激しく動きます。こうした種目を初心者が行うと、手の皮が剥がれることが多くなります。

　一度、手の皮が剥がれると、しばらくトレーニングできない日々が続くので、手を保護して握ってください。

　本格的なリフティング用の手袋を買わなくても廉価でしかも使い捨ての物を活用します。

トレイシーソックス

　アメリカのケトルベル・インストラクター、トレイシー・リフキンドが、手の保護用に、使い古し靴下を再利用する方法を発案しました。

　輪切りにした靴下を手のひらにはめ、皮が剥がれやすい部分を保護します。

指なし軍手

　軍手の指部分を切り取ったもので手の皮を保護します。指の触感を失うとケトルベルを手放してしまう危険があるので、指部分をむき出しにしてください。

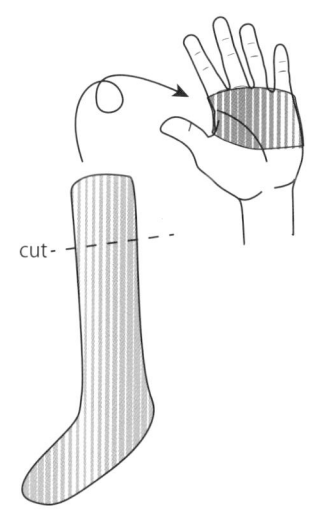

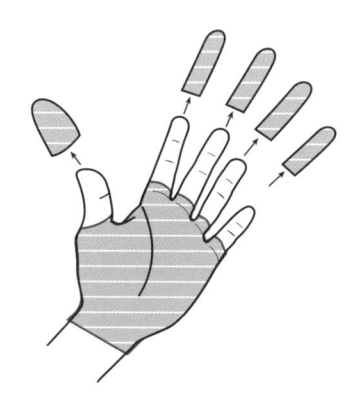

テーピング用テープ

　私の最初のインストラクター認定資格テストの担当だったマーク・リフキンドが、手の保護のために推奨していたのが、テーピング用のテープです。体操選手時代に彼が使っていた方法だそうです。

　指を巻く形でテープを縦方向へ張ります。

　これを人差し指、中指、薬指の3本指に巻いてから、最後に一本、手首にテープを巻きます。

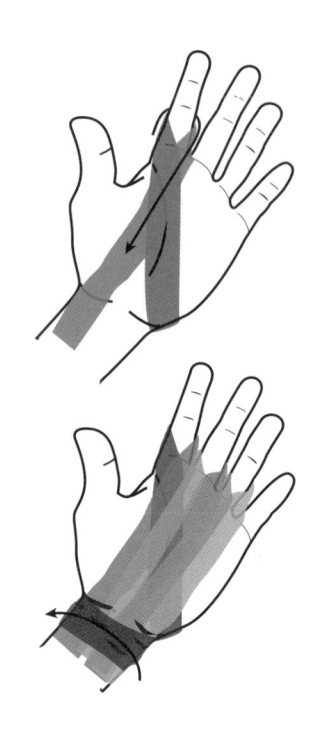

手のケアについて

　多かれ少なかれケトルベルでトレーニングすると手の皮が厚くなってきます。そこへケトルベルのハンドルが引っかかると手の皮が剥がれる原因になるので、あらかじめ手のケアをしておくと良いでしょう。

　コンビニで販売されているハンドクリーム（メンソレータムのHAND VEILを推奨）で手を保湿させると皮の厚い部分が柔らかくなり、皮をはがしやすくなります。

　また、爪切りやカルス・リムーバ（角質除去器）などで厚みある皮を削ることもお勧めします。

必要のない物

　一般的なトレーニングで使われている物で、ケトルベルでは特に必要ないものがいくつかあります。

ウエイト・リフティング用ベルト
　ケトルベル・インストラクターでデッドリフトやスクワットなど、パワーリフティング種目を行う人たちが数多くいます。そうした人たちの間で、時折、あがる話題に、「何キロからリフティング用ベルトを使う？」というものがあります。
　しかし、リフティング用ベルトは必要ありません。腹圧を作り、尻を引き締めて、腰（腰椎や腰の筋肉）を守るテクニックを使うからです。
　ケトルベルではベルトの代わりに呼吸がその用途を果たします。

手袋（指有り）
　指を覆う手袋を着用してケトルベルを握らないでください。ハンドルを握る触感を失うと、ケトルベルが手から離れて落下する危険があるからです。前述の指なし軍手、トレイシー・ソックス、テーピング等、指部分がむき出しのものを使ってください。

姿見（鏡）
　ケトルベルでは、頭に描くイメージと体内に向けた集中力が大切なため、鏡で自分の姿を見ながら行う必要はありません。むしろ、鏡を見ながらフォームを思い描くことが弊害になり、動きが劣化することがあります。まず外見のフォームではなく、呼吸をベースにした身体の連動を意識してください。
　もし鏡を使うのであれば正面に置いてください。ケトルベル種目では、顔や目の方向がフォームを決定づけるので、正面を見なければならない時に、横にある鏡を見ながら行うとフォームが崩れます。自分の姿を確認したい場合は、鏡ではなく、ビデオカメラを使ってください。

4. ケトルベルの安全対策

「ケトルベルを安全に扱うことと、
　ケトルベルから得る効果は、決して無縁ではない。」

StrongFirst Girya ケトルベル・インストラクターマニュアルより

　ケトルベルは、トレーニングする本人と周囲の人たちの安全があって、効果が出るものです。安全を守るには、それなりのセンスと注意深さが必要です。自分も含め、周囲の人を怪我させないよう注意してください。

トレーニング環境について

ケトルベルを使う周囲の安全確認

　ケトルベルを使う前に必ず周囲を見渡してください。前と後に人がいないことを確認し、室内等で周囲に鏡やガラスがある場合、1メートル以上の距離を取ってください。また、周囲に破損しやすい物を置かないよう注意してください。

　トレーニングではケトルベルを振る動作が多いため、手からすっぽ抜けることが想定されます。その際に転がったケトルベルが人やペット、壊れ物に当たらないようあらかじめ空間を確保しなければなりません。どんなに落とさない自信があっても、万が一のために備えてください。

　また、他の人と向かい合ってケトルベルを振ることもケトルベル衝突の危険がありますので、これも避けてください。

不慣れな種目は屋外で

　重いケトルベルでまだ不慣れな種目を行う場合は、屋外で行ってください。ケトルベルを落とす可能性が高いからです。

1 m 　　　1 m

危険エリア

前後1メートルは、人、動物の立ち入り禁止。壊れ物の有無も確認すること。

!

> 落としてしまった場合は、すぐに一歩下がること。

サッ

Part.1　ケトルベルとは何か？

やむを得ずケトルベルを落とす場合、前へ落としながら一歩後ろへ下がります。ケトルベルの種類や落ち方、あるいは地形によっては、落下後に自分の方へ跳ね返ってくる場合が考えられますので、できるだけ離れてください。

屋外では太陽の向きにも注意を

屋外の場合、ゲットアップ等の上を見上げる種目では太陽の位置に注意してください。上を見上げた時に日差しが目に入るとバランスを崩すことが考えられます。太陽を正面にすることで、見上げたときに不意に日差しが目に入ることを防げます。

平らな床、地面で行うこと

ケトルベル種目は全部平らな床、地面で行います。傾斜面、坂などで行うとバランスを崩す危険があります。

身につけるものについて

靴の注意点

つま先とかかとに高低差がない靴を着用してください。素足でも可能です。特にバスケットボール・シューズ、ランニング・シューズ、テニス・シューズ等、かかとに高さがあるものやクッション性のある靴の着用は厳禁です。

ケトルベルを扱う際、重心がかかとからつま先へ頻繁に移動するため、クッション性の高い靴では重心が定まりません。パワー出力が減るだけでなく、ケトルベルを振る動作で身体のバランスを崩す危険があります。

推奨する靴

コンバースのスニーカー　／　ナイキ「Free」　／　ベアーフット・ランニング用の靴　／　トレッキング・シューズや登山靴　／　ビーチサンダル　／　レスリングシューズ　／　リフティングシューズ

服装

　服装は運動に適したものを選んでください。ロングスカートや和服など、脚の間へケトルベルを振る際に邪魔になるものは避けてください。

　カーゴパンツのように硬い生地のズボンは、ケトルベルを幾度も振り下ろすと手首を擦って出血することがあります。

　また窮屈なパンツは、スクワットする際に生地が破れることがあります。できるだけ伸縮素材のものや緩めのものを着用してください。

　長袖シャツも注意が必要です。長袖を手首付近でまくると、袖の厚みが球体に圧迫されて、痛みを感じます。

　また、長袖シャツの袖にボタンがあると、それが球体に圧迫されて痛みを感じたりや傷を負うことが考えられます。痛みは集中力の欠如につながり、怪我をしかねません。注意してください。

アクセサリ

　ケトルベルの球体が前腕に押し付けられることが多いので、手首のアクセサリや腕時計は必ず外してください。

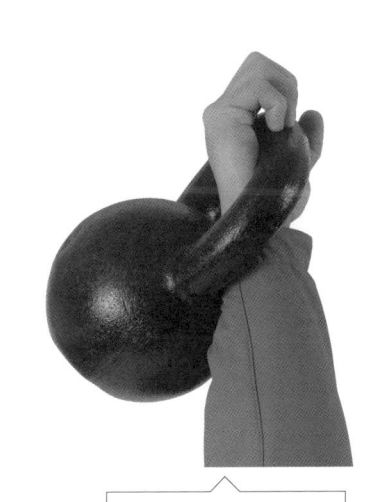

　イヤホンやヘッドホンは有線・ワイヤレスを問わず、ケトルベルを扱う際は外してください。イヤホンのワイヤーがあると、動きの邪魔になりますし、ワイヤレスであっても集中の妨げになるものはお勧めしません。

> 長袖が手首にかかっているだけでも、感覚が違ってしまう。

安全なトレーニングのための注意点

ケトルベルを落とさない

　身に危険が及ばない限り、屋外でもむやみにケトルベルを落とさないでください。屋外であればケトルベルは落としても良いものだと思いがちですが、原則落とすことはありません。

　インターネットの動画等でケトルベルを落とす場面を見ることがありますが、真似をしないようお願いします。落とすことを癖にすると、いずれ誤って自分の足に落とす危険性があります。

　例外的にケトルベル・ジャグリングといってケトルベルを放ってキャッチする遊びがあります。これは落とすことを想定して屋外で行います。

　しかし、本書で紹介しているケトルベル種目は、全ての動作が終わった後、床や地面に静かに着地させるまでを丁寧に行ってください。離陸した飛行機が正しく着陸する、走り出した自動車を目的地の駐車場へ正しく駐車するのと同様に、挙がったケトルベルも必ず正しく着地させてください。

　屋内で行う場合は、床損傷防止用に着地点に柔らかいマットを敷くと良いでしょう。

地面に置くときの姿勢

　背骨を丸めてケトルベルを床や地面に置かないよう注意してください。腰を痛める原因になります。

　足元に置こうとすると、自然に真下を向いてしまいがちで、背中を丸めることになります。

　腰を守るためには、目線を2メートル先の地面に向け、背筋を伸ばしたまま、一度ケトルベルを軽く後ろに振り、前へ出てきたところで床に静かに着地させてください。

✗ 地面に置く姿勢の悪い例

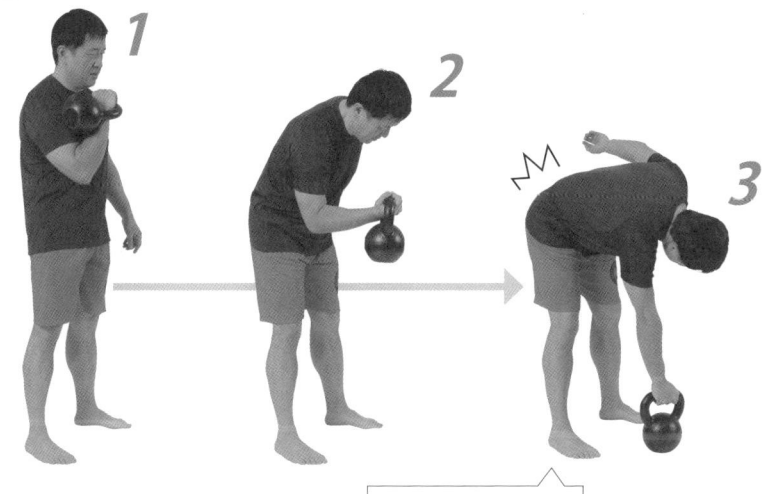

1 *2* *3*

> 真下を見ながら置くと、腰を痛める原因になる。

○ ケトルベルを床や地面に置くテクニック（シングル）

1 *2* *3* *4*

> 背筋を伸ばしたまま、ケトルベルを一度軽く後ろへ振ってから前へ静かに置く。目線を2メートル先の床へ向ける。

○ ケトルベルを床や地面に置くテクニック（ダブル）

1 **2** **3** **4**

ケトルベルを2つ持って行う場合も方法は同じ。むしろ、この方法を守らないと腰や膝などを痛めやすくなるので、正しく修得すること。

あらかじめ行う種目、回数を決める

　トレーニングでは、始める前に毎セット、何を何回行うか必ず決めてください。

　ケトルベルをクリーンしてラックポジション（右写真）になってから「何をしようか？」ではなく、ミリタリープレスを行うのか、スクワットを行うのか、そして何回行うかをケトルベルを持ち上げる前に必ず決めてください。

　動き始めてから迷いが生じることが危険につながります。途中で決めた回数ができない場合は中断しても構いません。

　また、「あれ、10回できた。もう5回やってみよう」という考えが、思わぬ痛みや怪我につながります。上限回数を決めて行いましょう。時間も同じです。例えば30秒続けてスイングする、1分続けてスナッチするなど、時間制限も決めてから行い、その上限に従ってください。

　とくに息を止めて行うミリタリープレスなどは、頭で考えるゆとりがありません。そこで「もう1回できる！」と頭で考えると動きやフォームが一瞬止まり事故の元になります。ケトルベルは思考をあまりゆるしてくれません。スイングやスナッチなど振る種目も同じです。

「バリスティックな動作（反動を使う動作）に思考の余地はない。」

　　　　　　　　　　　　ダン・ジョン　－　アメリカの著名なトレーナー

健康度チェック

　ケトルベル・トレーニングを始める前に、必ず以下のことをチェックしてから行ってください。

過去の怪我を確認

　息を止めて腹圧を高める種目があるので、心臓病歴のある方や、高血圧の方は医師の診断を仰いだうえでトレーニングを実施してください。
　また過去に怪我歴がある方は専門家にご相談ください。
　心拍数が160bpmに達するトレーニングがあります。健康面の問題をクリアしたうえで実施してください。
　過去に脱臼歴がある方はケトルベルを頭上へ挙げる種目等ができない場合があります。医師の指示に従った上で軽いケトルベルや日用品等を使って実施してください。

心拍数を一定に維持する

　トレーニング中の休憩で心拍数を平静時まで落とさないでください。5分以上休むと平静時の心拍数まで落ちます。ここで再び心拍数を上げることを繰り返すと、健康上の負担が大きくなります。トレーニング中は基本的に休憩時間を5分以上開けないでください。
　心拍計で測定する必要はありませんが、休憩中も歩く、手足を振る等、一定の心拍数を維持しながらトレーニングしましょう。

Part 2

ケトルベル初級1

- ▶ スイング
  - ワンアーム・スイング
  - ツーアーム・スイング
- ▶ ゲットアップ
- ▶ ゴブレット・スクワット

1. ツーアーム・スイング

　スイングを2ヶ月間行った人から、「スイングはもう慣れました。次は何をすればいいでしょう？」という質問を受けたことがあります。

　それに対する答えは、「スイング」です。

　ケトルベルの上級インストラクターたちが強調することが、「基本をより素晴らしく‼」です。基本種目であるケトルベルのスイングは、初心者も上級者も続けるものです。

「基本だ、基本！　誰もやっていなかったのか？　スイングを‼」

　2008年、私は2度目のケトルベル・インストラクター認定コースを受講するために渡米しました。屋外で数十名の受講生が、上級インストラクターを囲んでケトルベルを振ったとき、開口一番に皆が怒られました。後々、両手でケトルベル1つを持って肩の高さまで振る「ツーアーム・スイング」がどれだけ大切か痛感するのですが、当時はケトルベル・インストラクター認定コースがまだ発展途上の時代で、ケトルベルの基本＝スイングがあまり定着していませんでした。

　私を担当した認定インストラクター、マーク・リフキンドもスイングを強調するコメントをしています。

「スイングはケトルベル世界の中枢にある」

「スイングは99パーセントの人に100パーセントの効果がある」

　ブルース・リー主演映画「燃えよドラゴン」に出演した俳優、ジョン・サクソンが数年前72歳にして32kgのケトルベルを頭上に挙げたことが話題になりました。ジョン・サクソンは、ブルース・リーとの初対面の時に、ホテルの部屋でケトルベルを振るブルースの姿を見たそうです。ブルースは、ケトルベルを振り挙げ、宙で静止した瞬間の腕を、パンチした状態に見立てようとしていたと言います。その時ブルースが行っていたのが、スイングです。

　ケトルベルを始める方はまずツーアーム・スイングから始め、そして1年後も2年後も、10年後もツーアーム・スイングを続けるのです。

ツーアーム・スイングの段階的練習法

　両手で1つのケトルベルを振る、ツーアーム・スイング。ここでは基本であるこのスイングができるようになるまでを段階的に説明していきます。
　初めてケトルベルのスイングを行う方、または今まで正しい指導を受けたことのない方は、次の①〜⑥の順に行ってください。

①ウォール・スクワット

　壁の前でスクワットして、ケトルベルを提げる動きです。この動きで、ツーアーム・スイング、ひいてはケトルベル・トレーニングを行えるだけの状態に身体があるかを確認します。

②ケトルベル・デッドリフト

　スイングの初歩動作を覚える。

③ヒンジ動作

　スイングのコアになる動きをここでチェック。

④ケトルベルを振り子のように前後に揺らす

　ヒンジ動作とケトルベルをつなぐ。

⑤尻を引き締める感覚をつかむ

⑥ツーアーム・スイング

　ツーアーム・スイングができると、次のスイングができるようになります。
- ワンアーム・スイング
- H2H（ハンドツーハンド）・スイング

　また、次の種目の基本動作もできるようになります。
- クリーン
- スナッチ

① ウォール・スクワット

　2014年、韓国のソウルにインストラクター認定コースのアシスタントとして参加した時のことです。受講生約30名がケトルベルを黙々とトレーニングしている中、私がフォームに欠点がある受講生に接近して注意したところ、女性上級インストラクターに制止されました。
「今、ベースラインを見ているからそのままで」
　ベースラインとは、「今、ケトルベルでできること」を指します。「ベースラインを見る」とは、今その人ができることを見極める、医師が行う診察にあたります。
　スイング、ひいてはケトルベル・トレーニングを行える身体の状態にあるかを見極めるためのベースラインは、ウォール・スクワットによって見極めることができます。特に、デッドリフト、スイングを行うことを前提にした、股関節と肩の柔軟性をチェックできます。

ウォール・スクワットのフォーム
　壁から10センチほど離れた位置に立ち、しゃがんでケトルベルを持ちます。しゃがむ際には、両膝、両つま先を外へ開きながらしゃがみ、顔や膝が壁に触れないようにします。しゃがみきったところから、ケトルベルを持って立ち上がり、再びしゃがみます。
　呼吸は、しゃがむ時に息を吸って、立つ時に吐いてください。

ここでのポイント：　　・しゃがむ時に膝が壁に触れない。
　　　　　　　　　　　・顔が壁に触れない。

ウォール・スクワットは柔軟体操にもなる
　ウォール・スクワットは、動きのトレーニングを兼ねたストレッチでもあります。スイングをするにあたって必要な柔軟性を促進します。素手で行っても構いませんが、ケトルベルを持った方がバランスが維持できます。
　上記の方法に従って、5回ほど繰り返し、小休止をはさんで再び5回行います。これを3セットほど行うと良いでしょう。
　ゴブレット・スクワット（P.128）も参照してください。

ウォール・スクワット

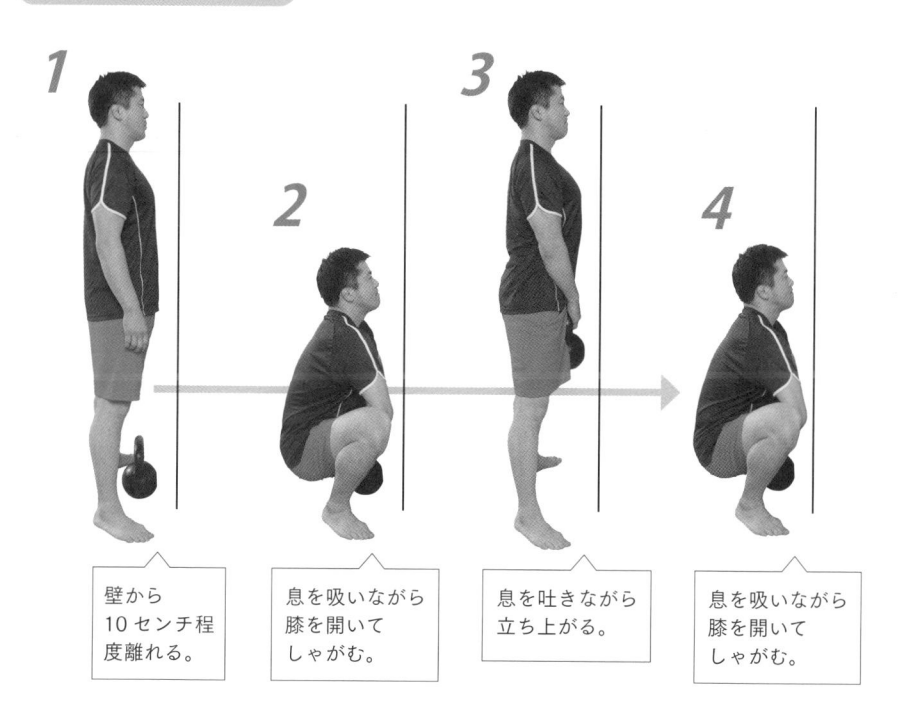

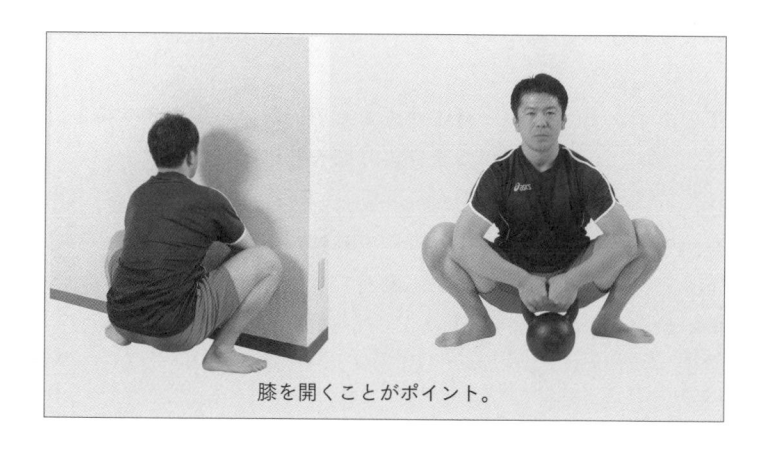

1 壁から10センチ程度離れる。

2 息を吸いながら膝を開いてしゃがむ。

3 息を吐きながら立ち上がる。

4 息を吸いながら膝を開いてしゃがむ。

膝を開くことがポイント。

Part.2　ケトルベル初級1

② ケトルベル・デッドリフト

　バーベルのデッドリフトを知っているのであれば、それをケトルベルに置き換えたものだと考えてください。足の間に置いたケトルベルを持ち挙げて、下ろします。鍛える身体の部位と動作が似ているため、このデッドリフトの動きができるとケトルベル・スイングを身につけやすくなります。

１．両足を肩幅に開き、両手でケトルベルを持ちます

　ケトルベルと両足の距離は、10〜30センチ離れた位置に立ちます。
　上体を下げてハンドルをつかみますが、このとき骨盤を後ろに引くようにします。注意点としては、膝を前に出すことなく、膝の位置は直立したときの位置のままで行うことです。体が硬くてそれが難しい場合は、つま先と膝を少し外へ向けてください。
　また、この時点でケトルベルが床から浮いてしまわないようにしてください。

２．尻を引き締める力で持ち上げる

　ケトルベルが床に着地したところから、ケトルベルを持ち上げます。膝を伸ばし切り、尻を引き締めることで、勢いよく立ち上がります。

3. 骨盤を引いてケトルベルを下ろす

　骨盤を引くようにして、腰を落としてケトルベルを床に下ろします。背中を丸めてはいけません。

ここでのポイント：
- 背中が丸まっていない。胸を前へ突き出す。
- つま先より膝を前に出さない。

　これらのポイントが守られなかった場合は、まずウォール・スクワットとデッドリフトを繰り返してください。
　このポイントができたら、次のヒンジ動作へ進んでください。

ケトルベル・デッドリフト

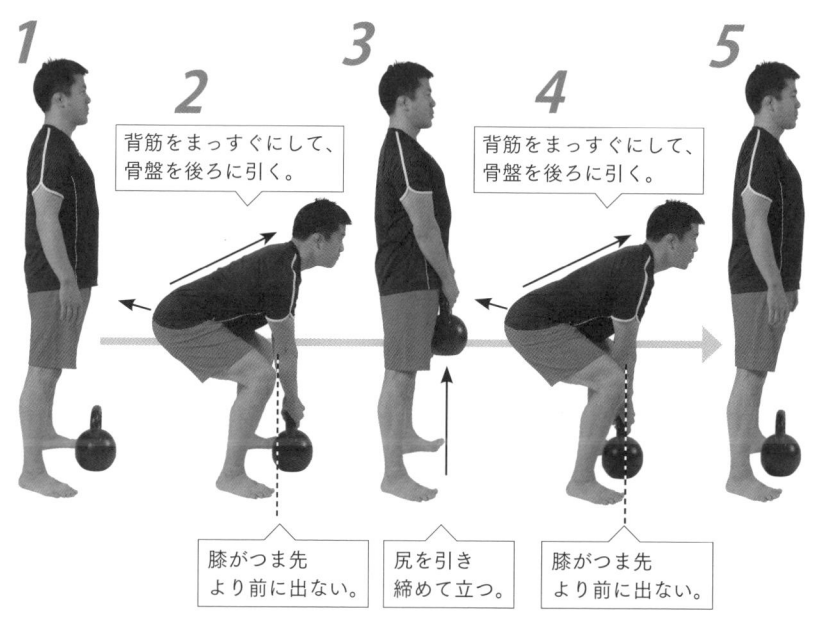

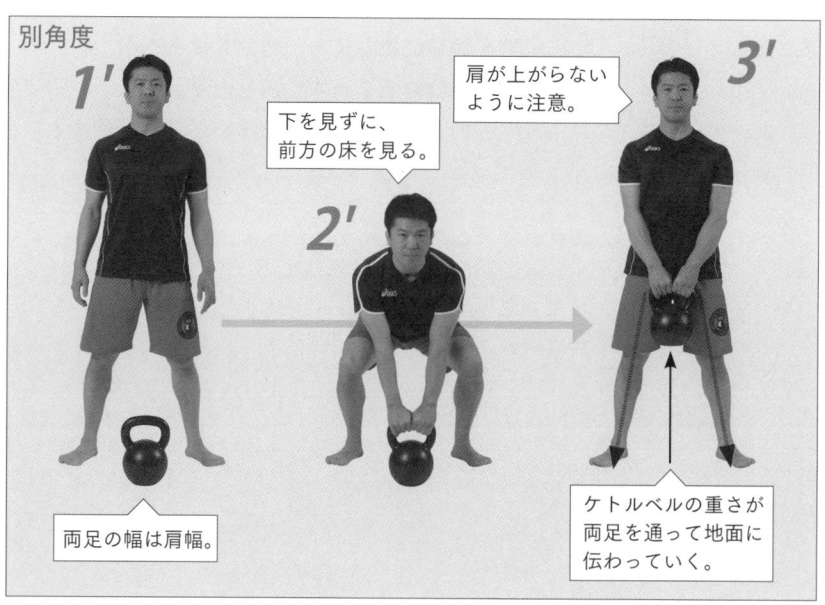

1 **2** 背筋をまっすぐにして、骨盤を後ろに引く。 **3** **4** 背筋をまっすぐにして、骨盤を後ろに引く。 **5**

膝がつま先より前に出ない。

尻を引き締めて立つ。

膝がつま先より前に出ない。

別角度

1' **2'** 下を見ずに、前方の床を見る。 **3'** 肩が上がらないように注意。

両足の幅は肩幅。

ケトルベルの重さが両足を通って地面に伝わっていく。

Part.2 ケトルベル初級1

③ ヒンジ動作

　ここでは、スイングで用いられる、股関節や尻の使い方を体得します。
　ちなみに"ヒンジ"とは、扉の蝶番(ちょうばん)のことですが、ケトルベルでは、膝を前に出すことなく、骨盤を後ろへ引く動作を"ヒンジ"と呼びます。ホテルのバーカウンターにある座面の高いスツールに腰かける時に、尻を後ろへ引いて座るイメージです。

１．股関節に手刀を押し当て、尻を引く
　手の小指側の縁、手刀部分を股関節の前面に押し当て、そのまま奥に押してください。その押し込みに合わせて、尻を後ろへ引きます。

２．骨盤を前へ突き出す
　手を押し返すように、尻を引き締め、骨盤を前へ突き出します。

　これを10回ほど行ってください。

　ここでのポイント：　　・膝を同じ位置のまま、骨盤を後ろへ引く。
　　　　　　　　　　　　・胸と顔は終始まっすぐ前を向く。
　　　　　　　　　　　　・手を押し返す時に、尻を思い切り引き締める。

> ヒンジ動作

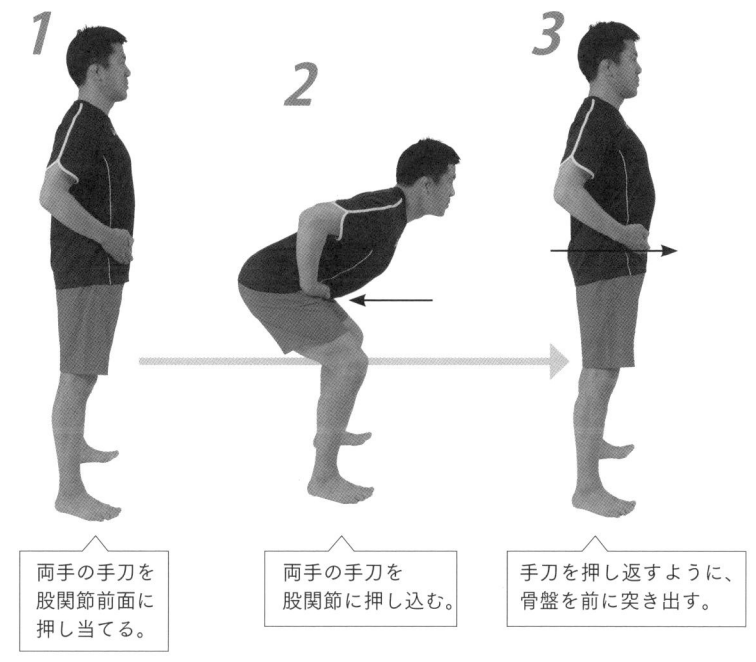

1 **2** **3**

| 両手の手刀を股関節前面に押し当てる。 | 両手の手刀を股関節に押し込む。 | 手刀を押し返すように、骨盤を前に突き出す。 |

別角度

1'（3'） **2'**

Part.2 ケトルベル初級1

④ ケトルベルを振り子のように前後に揺らす

ヒンジ動作とケトルベルをつなぐ感覚を養います。

1．デッドリフトの応用でケトルベルを持ち挙げる

2．腕を脱力したまま、ケトルベルを前後に揺らす
　骨盤を引いた状態で、両手でケトルベルを前後に軽く揺らします。
　足の間から後ろへ放るようにしてから、自然に前へ揺らします。
　姿勢は背筋をまっすぐに維持し、胸と顔をできる限り前へ向けること。そして腕は完全に脱力したままで行うことです。

3. ケトルベルを床に置く
　5往復（10秒ほど）行ったところでケトルベルを置きます。

　これを3セットほど実施してください。高回数・長時間、行い続けると、腰を痛めることがありますので、感覚をつかむ程度に行ってください。

振り子のように前後に揺らす

1　2　3

デッドリフトの応用で浮かせる。

4 5

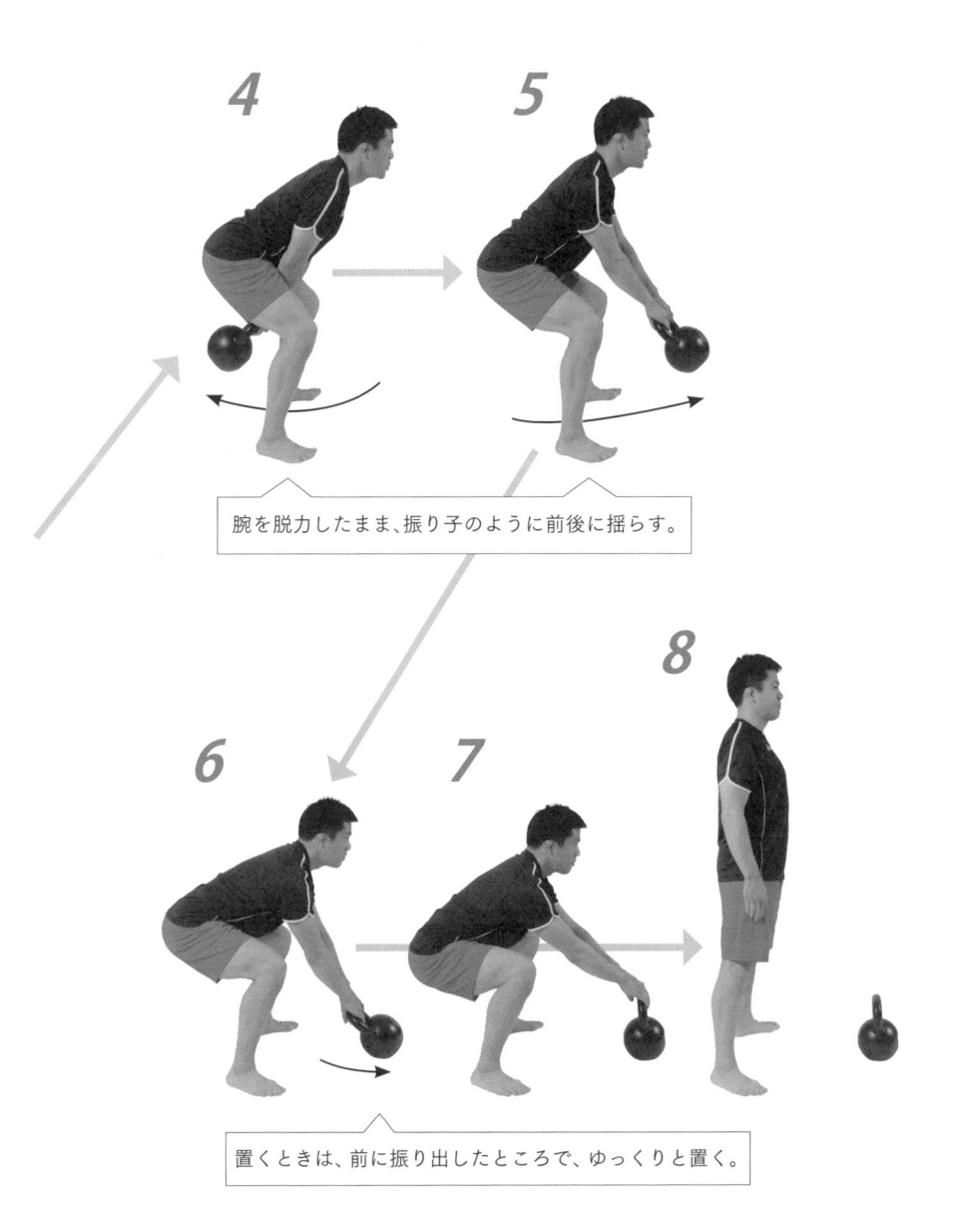

腕を脱力したまま、振り子のように前後に揺らす。

6 7 8

置くときは、前に振り出したところで、ゆっくりと置く。

⑤ 尻を引き締める感覚をつかむ

　大臀筋、つまり尻の筋肉は、人間の身体で最も強いと言われています。
　では、この筋肉の力を足や腕へ伝えるにはどうしたらよいのでしょう？ポイントは思い切り尻を引き締めることです。これにより上半身の筋肉へ力が連動して最終的に腕へ伝わります。
　また、腰痛防止のためにも尻の引き締めは大事になります。
　では、どれだけ引き締めればよいかと言えば、少々下品な表現ですが、尻の割れ目を完全にロックすることです。
　これを実感するには、次の２つの方法があります。

プランク

　前腕を床につけて伏せた姿勢になります。臀部と脇の下を引き締めて、腰を浮かせます。この時の尻を締めた感覚を覚えてください。
　この姿勢を 15 〜 30 秒ほど続けてください。

プランク

1

2

尻を引き締める。

3

ハーフブリッジ・ロック

　仰向けで寝て、両膝を立てて、足を床に着けます。そして、両膝の間に柔らかい日用品（座布団や丸めたバスタオル、枕など）を挟みます。

　この姿勢から、尻を引き締め、腰を床から浮かせます。

　尻はできる限り引き締めてください。太腿がつるかもしれませんが、その直前まで締め続けるつもりで行ってください。

　パートナーがいる場合、挟んでいる座布団を軽く引っ張り上げてもらい、それを引き抜かれないよう頑張って尻と膝を締めてください。

　尻の引き締めを身体が覚えたままケトルベルを振ることで、正しいフォームができるようになります。スイングがよりハードになり、ケトルベルの速度が増します。より遠心力のついたケトルベルの反動が、身体へ波及していくのを実感できるはずです。

　尻、つまり人間の身体で最も強い大臀筋の引き締めが、ケトルベルの基本中の基本であることがよくわかるはずです。

ハーフブリッジ・ロック

1

2

尻を引き締める。

チェック法

パートナーに引っ張られても、抜けなければ、よく締まっている証拠。

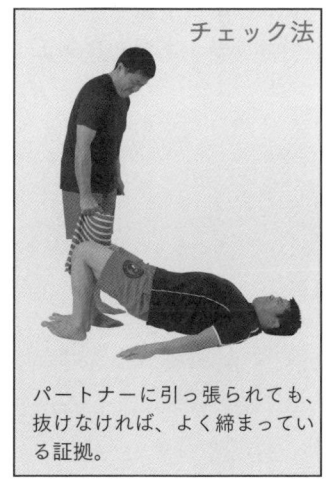

⑥ ツーアーム・スイング

ここまで行った要素を合わせて、ツーアーム・スイングを行いましょう。

1．ヒンジ姿勢でケトルベルを握る

　ケトルベルから約 30 センチ離れて立ち、両足は肩幅に開きます。背筋を伸ばしたまま、ケトルベルのハンドルをつかみ、若干後ろへ重心を移します。

2．ケトルベルを大きく振る

　両腕を自分の内股へ打ち付けるようにケトルベルを後ろへ振り、すぐに膝をまっすぐにして尻を思い切り引き締め、前に振ります。

　反動でケトルベルが肩の高さまで挙がったところで、これをコントロールして内股の間へ振り下ろします。

　振り下ろした後、すかさず再び尻を引き締めてケトルベルを振り挙げ、同じ動きを繰り返します。

3．床に置くときは前に振り出しながらゆっくりと置く

回数、セット数

　1 セットあたり 5 〜 20 回を、数セット行うことを推奨します。

ツーアーム・スイング

1 **2**

> 内股に前腕を打ち付けるように、後ろに振る。

3 **4** **5**

> ヒンジ動作で、ケトルベルを振り出す。

6 **7** **8**

Part.2 ケトルベル初級1

呼吸について

　ツーアーム・スイングのみならず、ケトルベル・トレーニングでは呼吸が大切になります。息を吐き出した時に作る腹圧が、腰を怪我から守る重要なポイントだからです。

　呼吸は、ケトルベルを後ろへ振った時点で、息を鼻から吸います。そして、振り挙げると同時に、口から息を吐き出します。

　呼吸は次のように体感してください。

吸う方法

　鼻をすするように、鼻で息を吸ってください。鼻をつまんで息を吸うと、腹部に圧力を感じることができます。この感覚を覚えて鼻から吸ってください。

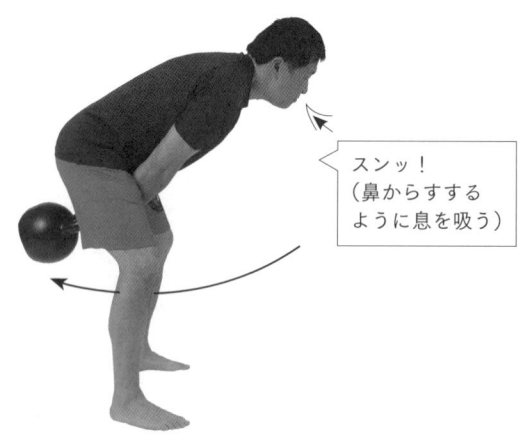

スンッ！
（鼻からすするように息を吸う）

吐く方法

　下の前歯に舌の先を押しつけて、息を勢いよく、小出しに吐き出します。ストローを咥(くわ)えて思い切り息を吐くことでも腹圧を実感できます。

　この感覚を覚えて口を小さく開けながら思い切り吐き出してください。

　ボクシング選手が「シュッ」という音を出しながらパンチしている場面を見ることがありますが、それによく似ています。

　呼吸を吸う時、吐く時の腹圧の感覚を覚えたら、ケトルベルを手に取り、実際にスイングを行ってみてください。

　なお、ストローを咥えたままスイングするのは危険なので、止めてください。

（口から小出しに勢いよく息を吐く）
シュッ！

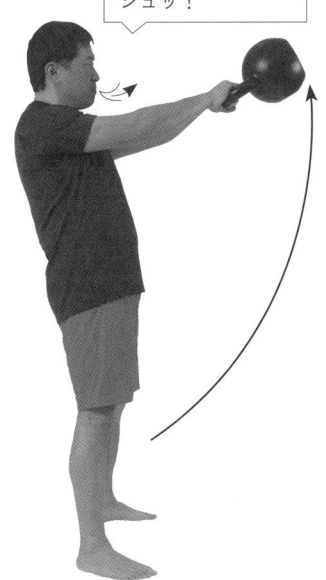

舌と前歯の間から息が出ます。

ツーアーム・スイングのチェック・ポイント

◯ ケトルベルを振り下ろした時

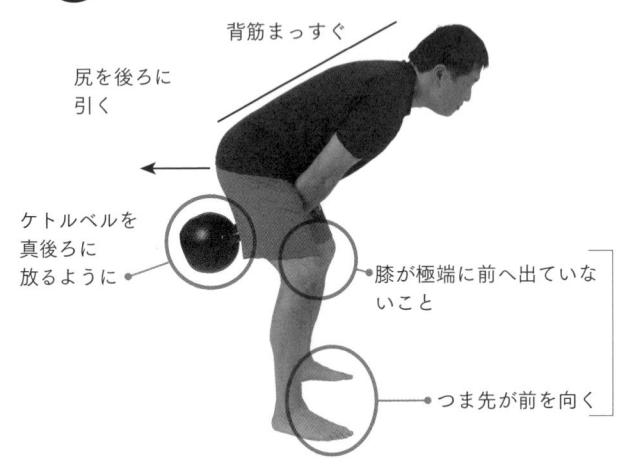

背筋まっすぐ

尻を後ろに引く

ケトルベルを真後ろに放るように

膝が極端に前へ出ていないこと

つま先が前を向く

これらは何年もかけてじっくりと目指してください。

◯ ケトルベルを振り上げた時

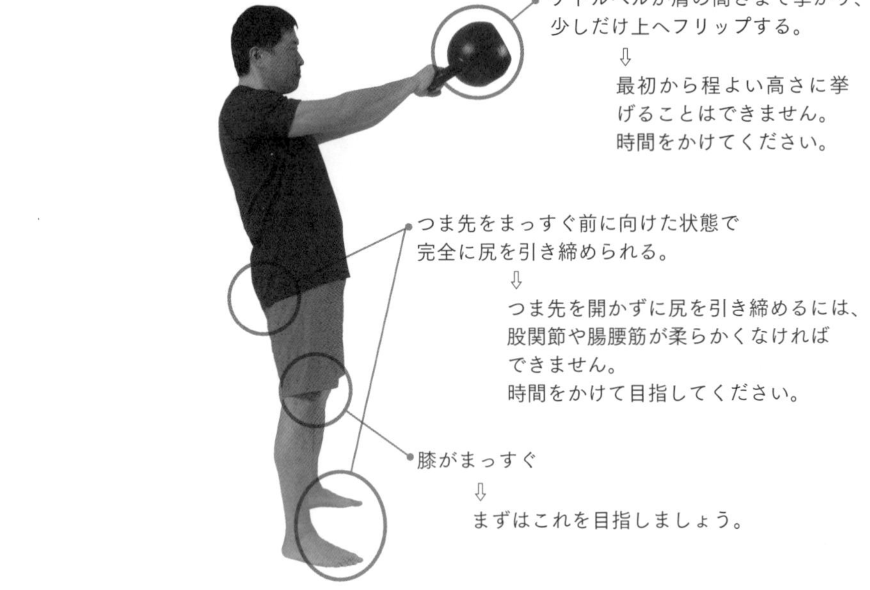

ケトルベルが肩の高さまで挙がり、少しだけ上へフリップする。
⇩
最初から程よい高さに挙げることはできません。時間をかけてください。

つま先をまっすぐ前に向けた状態で完全に尻を引き締められる。
⇩
つま先を開かずに尻を引き締めるには、股関節や腸腰筋が柔らかくなければできません。
時間をかけて目指してください。

膝がまっすぐ
⇩
まずはこれを目指しましょう。

よくある悪い例

悪い例1：スクワットとスイングを混同している

スクワットのように腰を下ろす動きを取り入れたスイングを、インターネット上の動画でよく見ますが、これは間違いです。正しくは、弓を引くように尻を真後ろへ引くのです。

腰を上下させるスクワット動作ではケトルベルの勢いがつかず、腕の力に頼らざるを得なくなります。

スイングは加速、スクワットは減速です。スクワットで加速するのは、自動車のサイドブレーキを引いたままアクセルをふかすのと同じようなものです。エンジンやギアに負担がかかり、故障につながります。

同様に、スクワットでケトルベルを振る動きを継続すると、身体に支障をきたすことになります。ゴブレット・スクワットの解説も参照してください。（P.128）

腰が落ちている。

ケトルベルが下がっている。

悪い例2：尻の引き締めがない

　尻を引き締めることは、腰を痛めることから守ってくれます。これが上手くできない場合は、ウォール・スクワットとデッドリフトに立ち戻ってください。尻の引き締めのないスイングは、怪我の原因になります。

尻の引き締めがない。

正しいスイングの感覚をつかむ方法

　ここでは紐やトレーニング用ゴムバンド、バスタオルなどを使ったドリルで、正しいスイングの感触を体感してみましょう。
　身体で感触を覚えた後にスイングを行うと弾みのよい動きになります。

紐、ゴムバンドを使ったヒンジの体感方法

両手でつかんだゴムバンドや紐を足の間へ通し、後ろでパートナーに引っ張ってもらいます。

そこから膝をまっすぐにしながら尻を引き締めて、腕の力を使わずに臀部の引き締めによって立ち上がる感覚を体感してください。

タオル・スイング

ケトルベルのハンドルにタオルを通し、スイングします。

振り挙げた時に腕、タオル、ケトルベルが一直線になっているのが、正しいスイングのフォームです。タオルが下へ垂れている状態は、まだ腕でケトルベルを振り挙げようとしている正しくない動きです。

タオル・スイングでフォームを確認できたら、再びツーアーム・スイングを連続で5～10回行ってみて、感覚の違いを確かめてください。

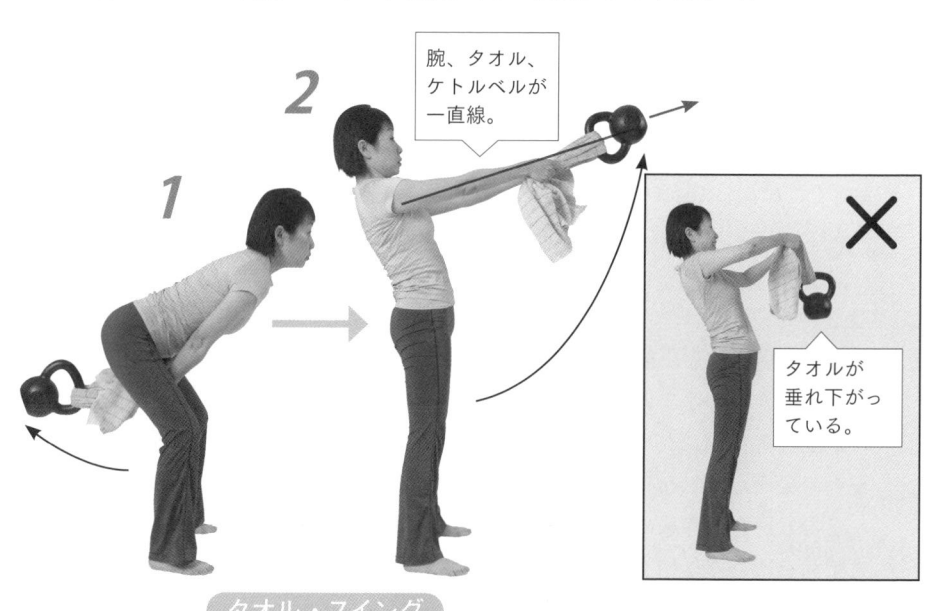

タオル・スイング

なぜ正しいフォームでスイングをするのか

スイングを正しいフォームで行うには、理由があります。簡単に言えば、"強くなる"、"持久力を上げる"と表現できるのですが、さらに説明を加えると次のようになります。

人間本来の筋肉のパターンを取り戻して、より効率よくパワーを発揮する

臀筋は人体で最も強い筋肉であり、広背筋は上半身で最も大きい筋肉です。この2つを徹底的に鍛えることが、全身強化へ波及していくのです。

尻を引き締めることが、広背筋の筋肉を活性させ、広背筋から腕に力が伝わっていきます。

スイングがこの連動を見事に体現しており、この連動を体得できる方法はなかなか他にはありません。

バーベル・デッドリフトでも尻から胴体、腕へと力を伝えますが、この動作を1日に何十回も繰り返すことはできず、反復動作で身体の使い方を身につける方法としては適していません。その点、ケトルベルのスイングは繰り返し行うことができるため、効果的です。

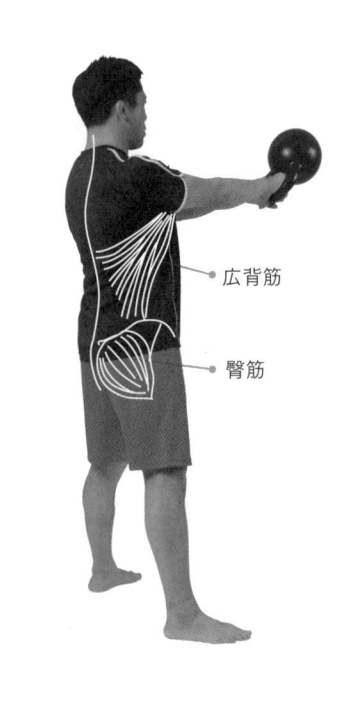

・広背筋
・臀筋

柔軟性を促進する、脱力・テンションパターンの習得

尻を引き締めることが、大腰筋を伸ばす効果につながります。大腰筋の硬化が腰痛の原因につながることを考えると、この筋肉を柔軟に保つことは、運動の場面だけでなく、日常生活にも良い影響を及ぼします。

また、尻を引き締めて、全身を瞬間的に収縮することで、その逆の作用で大腰筋を緩める作用を身体で自覚するのです。

大腰筋

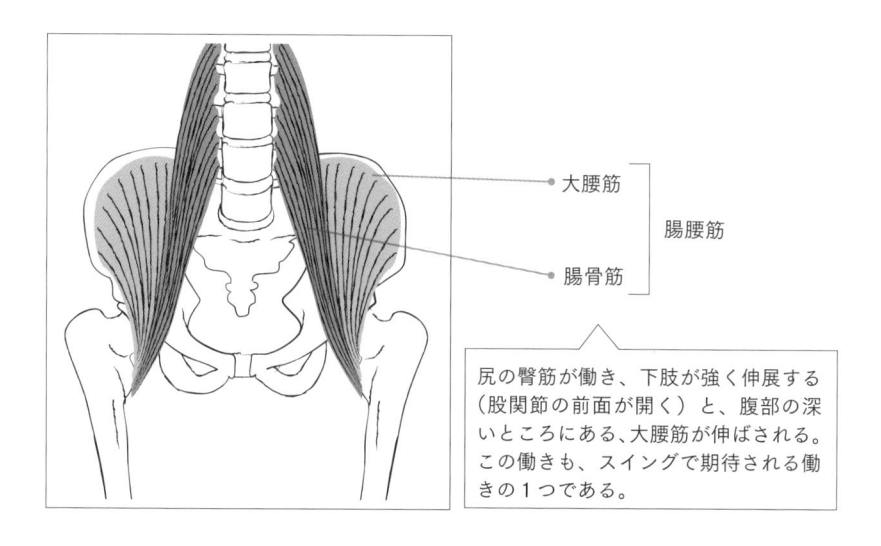

腸腰筋

腸骨筋

尻の臀筋が働き、下肢が強く伸展する（股関節の前面が開く）と、腹部の深いところにある、大腰筋が伸ばされる。この働きも、スイングで期待される働きの1つである。

持久力トレーニング

ケトルベル・スイングでは、心拍数を一気に140以上にまで上げることができます。心拍数を100以上に維持すると、心肺機能が自ずと向上します。

正しいフォームでスイングできるようになったら、1分間立て続けにスイングを行ってみてください。胴体や腰の筋肉が疲れることはそうありません。また、息もうまくいけばあがらないでしょう。まさに理想的な持久力養成法です。

1分間ツーアーム・スイング

ツーアーム・スイングに慣れたら1分間続けてのスイングに挑戦してみてください。1分あたり40回以上のスイングになります。

これを休みをいれながら4セット行うと、2セット目や3セット目から前腕が張ってケトルベルを握ることが難しくなります。ケトルベルを握るのが難しくなった場合、1分に到達しなくても、その場にケトルベルを置いてください。そして次のセットでまた再チャレンジします。

ただし、連続でスイングを行うと、グリップ力がなくなります。無理をせず、落とさないように、安全に床へ置いてください。

中級者、上級者に向けてのスイング

何年スイングをやっても、正しいスイングができているとは限りません。スイングができるようになったと思っても、さらによい動きを求めてスイングを続けてください。

中級者、上級者になるための、スイングのコツを次の4つに分けました。

コツ1：股関節や骨盤周りの柔軟性
・つま先を開かずまっすぐ前へ向ける。
・尻を引き締めた時に膝頭を思い切り上へ引っ張るようにして脚をまっすぐにする。

コツ2：胸と腹筋
・常に胸を前へ突き出す。
・振り挙げた時に腹筋を引き締める。

コツ3：広背筋の力と足の踏みしめ
・肩をパックする（P.96のゲットアップで詳細を説明）。
・足指を浮かせる。
・尻を引き締めた時、同時に足の間の床を左右へ引き裂くイメージを描く。

コツ4：さらに広背筋を動員する
・棒を両手で折る要領で、振り挙げた時に両手で持ったケトルベルのハンドルを半分に折るイメージを描く。
・振り挙げた時に肘をまっすぐにして、できれば肘関節を床へ向ける。

1回のスイングでコツ1～4まで全部を備えた時、完璧なスイングになります。

しかし、この中には一見すると相反するコツがいくつかあります。

例えば、コツ2に含まれる「胸を前へ突き出す」ことは、後ろへのけぞる姿勢になります。しかし、同時に「腹筋を引き締める」と前かがみになります。

コツ4に含まれる「ケトルベルのハンドルを折るつもり」でも、「肘をまっすぐ」にしなければならないとしたら、これも矛盾です。
　ですが、これらの矛盾点、相反する作用をものにすることが、スイングの精度につながってくるのです。
　何年もかかるかもしれませんが、ここに挙げたコツができるようになるに従って、武道でいう二段、三段、四段というように、躍進していくのではないでしょうか。
　48kgのケトルベルを自在に操る人でも、16kgや24kgのケトルベルを使って、これらのコツを一つ一つ極めていこうとしています。同じ重さのケトルベルを何年も使う理由が、ここにあるのです。
　また、普段の重量でうまく基準を満たしていると思っても、未体験の重量を使い始めると、それまでできていた基準がことごとく崩れていきます。これが再挑戦の起点です。

「慣れた動きでも、重くなれば難しくなる。」

マーク・リフキンド

流れで見る！ ツーアーム・スイング

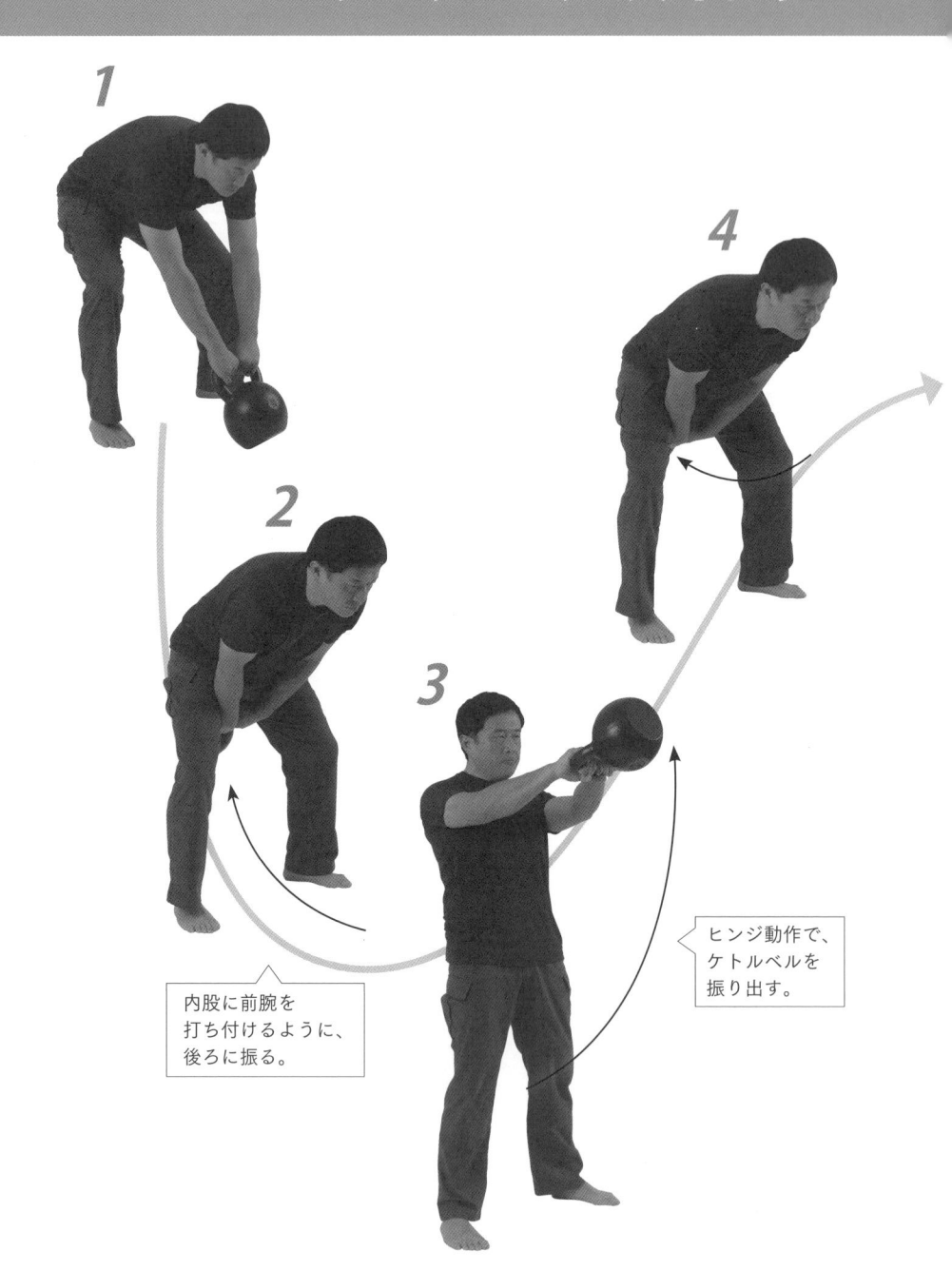

1

2

内股に前腕を打ち付けるように、後ろに振る。

3

ヒンジ動作で、ケトルベルを振り出す。

4

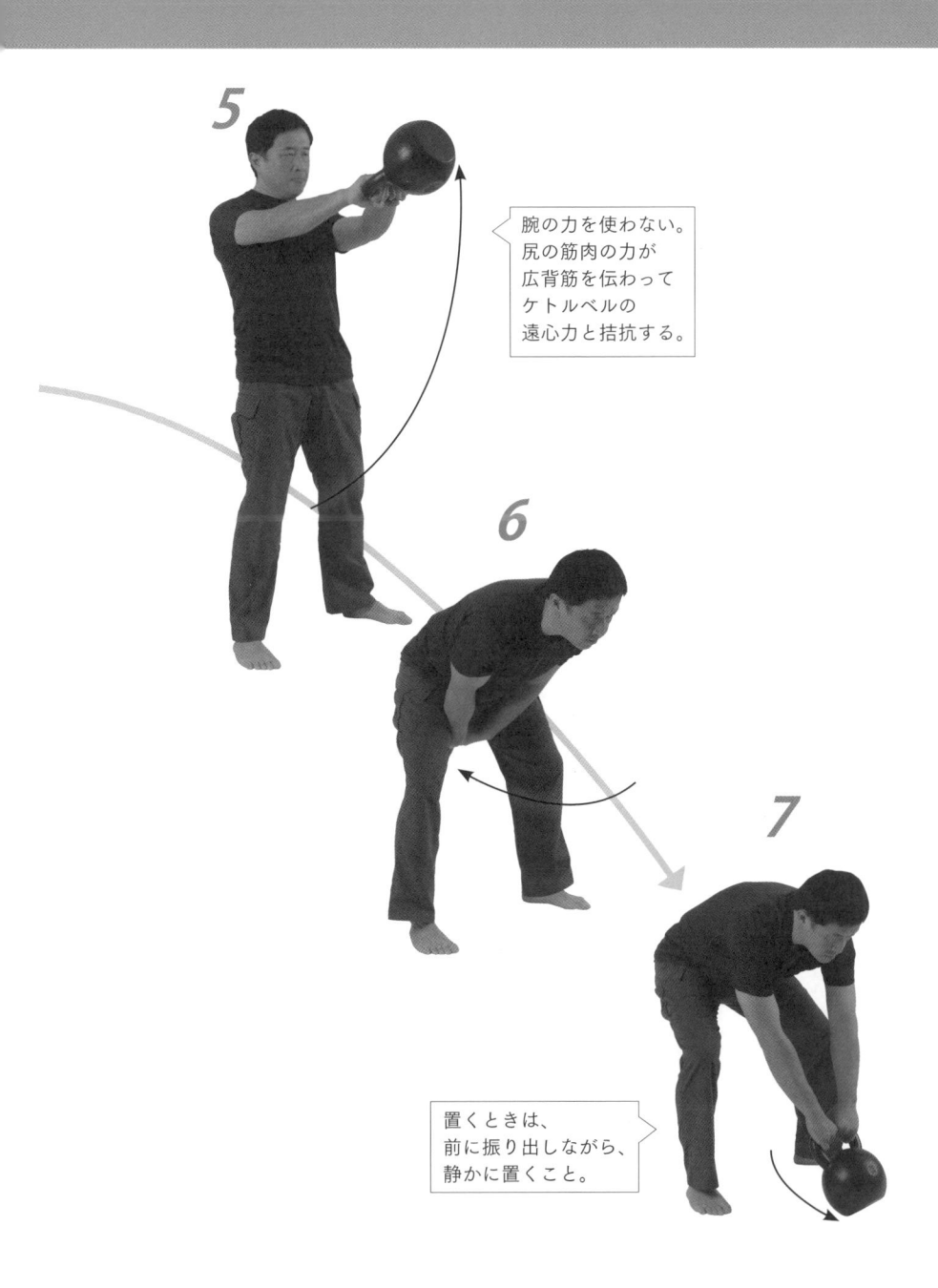

腕の力を使わない。
尻の筋肉の力が
広背筋を伝わって
ケトルベルの
遠心力と拮抗する。

置くときは、
前に振り出しながら、
静かに置くこと。

Part.2 ケトルベル初級1 83

2. ワンアーム・スイング

　片手にケトルベル1つを持ってスイングするのが、ワンアーム・スイングです。基本原則はツーアーム・スイングと同じです。ツーアーム・スイングができるようになってから、ワンアームで行いましょう。
　ワンアーム・スイングは、ツーアーム・スイングと比べ、当然ながら片手にかかる負荷が高まります。

ワンアーム・スイングの特徴

連動——右足から左手、左足から右手

　筋肉の連動は、臀部から広背筋を中継して反対へ流れます。尻を引き締めることで身体が連動して、発生した力が下への力と上への力に拡散されます。
　左手でケトルベルを振る場合、右の臀筋を経由して右足へ向かう力がある一方で、左の広背筋を通って左腕、左手、ケトルベルへと力が流れます。
　この力の連動は、人間が力を発揮するために必要なものであり、野球やサッカーなど、身体を交叉させる動きを多用するスポーツには有効な感覚が鍛えられるはずです。

左右差の調整

　また、片手で振ることによって、左右のバランスや力を均等に調整する効果があります。
　ほとんどの場合、身体には左右差があり、発揮できる力にも差があるものです。この力の左右差を解消するためには、上半身だけを鍛えていては永久にその差を縮めることはできません。
　なぜなら、下半身のパワーや柔軟性、あるいは骨盤の傾きなどが上半身の傾きに関係し、それが上半身の力の左右差を生んでいると考えられるからです。

つまり、右足から左手への連動、左足から右手への連動を、同等に動かせるようになることが、力の左右差の解消につながるのです。

　ワンアーム・スイングで何度もケトルベルを振ることで、この連動に必要な柔軟性と瞬発力が鍛えられます。

　この他にも、左右差の解消に有効なトレーニングをケトルベルを用いて行うことができます（P.306参照）。

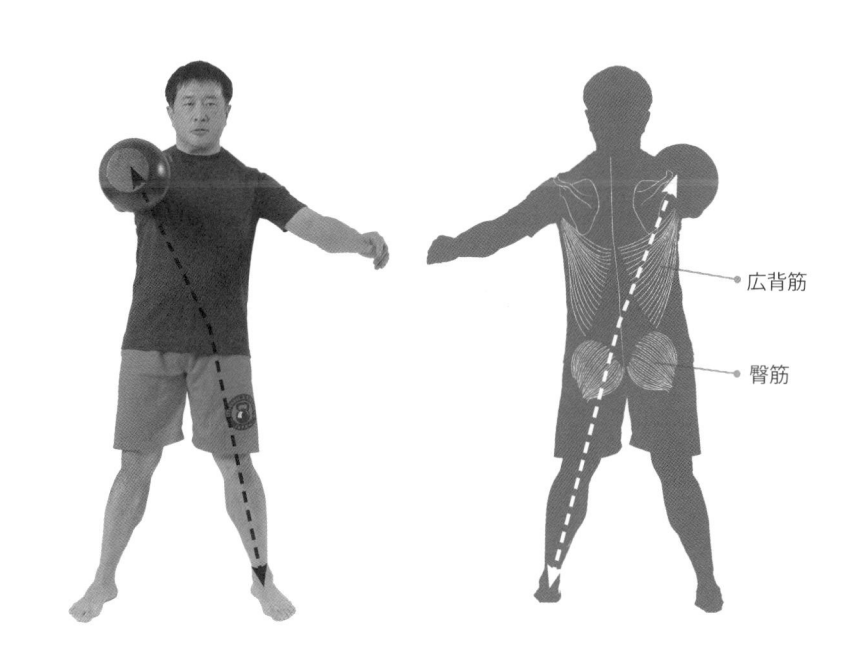

広背筋

臀筋

ワンアーム・スイングのフォーム

1．準備～ケトルベルを持つ

　床にケトルベルを置き、そこから30センチほど離れたところに、足を肩幅に開いて立ちます。

　骨盤と背中を後ろへ引いて、ケトルベルを持ちます。

2．後ろへ振ってから前に振り挙げ、振り下ろす

　腕を自分の内股へ打ちつけるようにケトルベルを後ろに振り、すぐに尻を引き締め、膝をまっすぐに伸ばしてケトルベルを前に振り上げます。

　振り上げる際は、腕をまっすぐに肘を伸ばしてください。この時、胸を前へ突き出すこと（この点はとても重要なので、後ほど解説をします）。

　振り下ろす時は積極的に後ろへ振り下ろしてください。最終的にケトルベルが尻の後ろへ行くように、かつ背中はまっすぐのままです。

　ここで止めることなく5回、10回、15回と繰り返してください。

　目線は常に前へ。2メートル以上先の床を見続けるとよいでしょう。

3．床に置く時は前に振り出しながらゆっくりと置く

回数、セット数

　左右それぞれ5～10回を、5セット以上行うことを推奨します。これでまず慣れてください。

　腰まわりの張りや痛みを感じた際は、連続で行う回数を抑え、その分セット数を増やすと良いでしょう。

　高重量のケトルベルを扱う場合は、1セットを5回前後とし、振り挙げる高さも無理をしないでください。無理して肩の高さまで挙げるよりも、振り下ろすことに集中することが大事です。

ワンアーム・スイング

1

2

ヒンジ動作で、ケトルベルを振り出す。

3

4

5

内股に前腕を打ち付けるように、後ろに振る。

6

7

置くときは、前に振り出しながら、静かに置くこと。

Part.2 ケトルベル初級1　87

ワンアーム・スイングの要点

前へ突き出し、後ろに引く

　連続した動作写真を一見すると、下から上へ、上から下へと振っているように見えますが、実際はケトルベルを前へ突き出し、後ろへ引く動きをしています。
　上下に動いて見えるのは、あくまで結果的にそうであるだけで、肝心なのは前と後ろへケトルベルを振ることです。
　尻の引き締めから背中に伝わる力で振り挙げ、振り下ろした時の勢いを体へ吸収します。これがスイングの醍醐味です。

腕を引っ張られない

　片手でスイングすると、腕がケトルベルに引っ張られてしまいがちです。腕が引っ張られると、胴体にねじれが入り、上半身と下半身の連動が途切れてしまいます。本来は、腕が引っ張られないよう身体全体を一枚岩にして行いたいのです。
　腕が引っ張られないようにするには、肘をまっすぐにしながら、胴体でケトルベルを引く必要があります。胴体でケトルベルを引くという感覚を、言葉であらわすのは難しいのですが、次に紹介する動きで胸を突き出す感覚が分かると、胴体で引く感覚もつかみやすくなります。
　この感覚をケトルベルでは、「肩をパックする」と表現します。肩がパックできているかどうかが、ワンアーム・スイングのポイントの１つになります。詳しくは、ゲットアップ（P.96）で解説します。

胸を突き出す動き

　床にあぐらを組んで座り、後ろへ手をつきます。手のひらを小指方向へ回していくと、胸を前へ突き出す力が背中にかかるはずです。
　この姿勢で深呼吸を10回ほど行います。
　この動作で得た胸を突き出す感覚をそのままに、ワンアーム・スイングを行ってください。これで腕を引っ張られることはないでしょう。

× 腕がケトルベルに引っ張られている

○ 胴体でケトルベルを引けている

胸を突き出す感覚を掴む

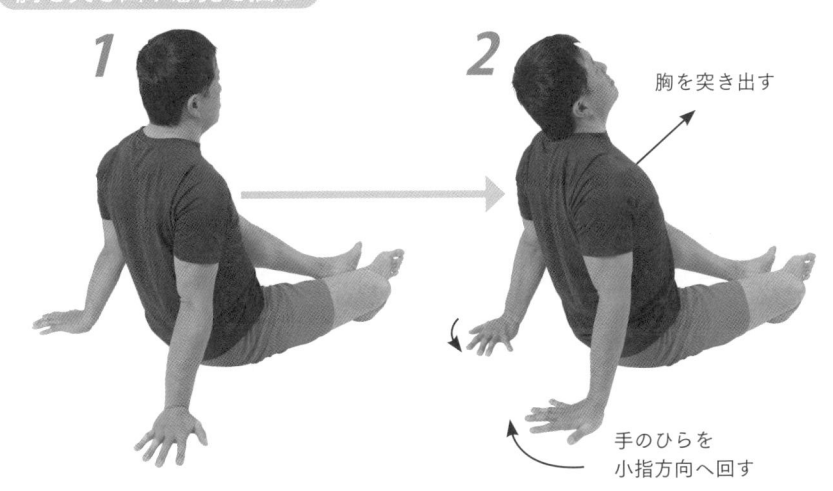

1

2 胸を突き出す

手のひらを小指方向へ回す

Part.2　ケトルベル初級1

こぶしの角度

　振り挙げた時にコブシの角度を調整することで、力の発揮されかたが変わります。

　こぶしを横にするでもなく、縦にするでもなく、斜め45度の角度が背中や腰の連動と直結するのです。

　沖縄空手のひとつ、首里手の指導者でもある上級ケトルベル・インストラクター、ゲーリー・ミュージックが、この45度角度の有効性をパンチの最大出力になぞらえています。

コブシの角度＝45°

反対側の腕をどうすればよいか

　片手でケトルベルを振るワンアーム・スイングでは、反対の手は空いていますが、遊ばせているわけではありません。

　反対側の手も、ケトルベルを振り下ろすタイミングと同じくして振り下ろしてください。この時、手のひらは上向きにします。この動作により、広背筋がより引き伸ばされます。

　ケトルベルが後ろに振られた時に、広背筋は最大限引き伸ばされます。そして、ケトルベルを振り挙げた時に、広背筋を一気に収縮させるのです。これが上半身最大の筋肉、広背筋を強化するポイントになります。

ワンアーム・スイングのチェック・ポイント

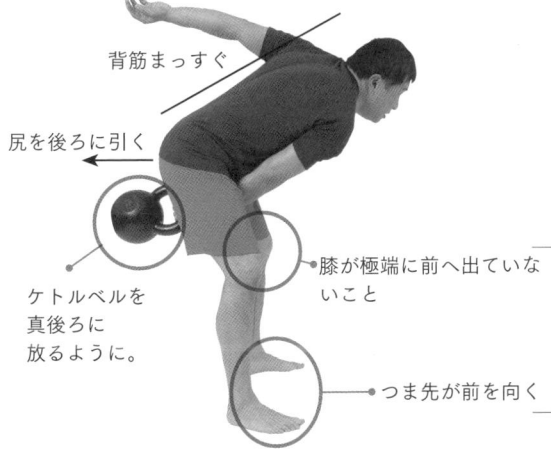

ケトルベルを振り下ろした時

- 背筋まっすぐ
- 尻を後ろに引く
- ケトルベルを真後ろに放るように。
- 膝が極端に前へ出ていないこと
- つま先が前を向く

これらは何年もかけてじっくりと目指してください。

ケトルベルを振り挙げた時

- ケトルベルが肩の高さまで上がり、少しだけ上へフリップする。
  ⇩
  最初から程よい高さを目指すことはできません。時間をかけてください。

- 肩がパックされている。
  ⇩
  肩が胴体と直結している。

- つま先をまっすぐ前に向けた状態で完全に尻を引き締められる。
  ⇩
  つま先を開かずに尻を引き締めるには、股関節や腸腰筋が柔らかくなければできません。
  時間をかけて目指してください。

- 膝がまっすぐ。
  ⇩
  まずはこれを目指しましょう。

ワンアーム・スイングの練習方法

左右15秒で行う

　左右それぞれ15秒ずつワンアーム・スイングを行った後、30秒休憩します。つまり1分以内に左右15秒ずつワンアーム・スイングを行うのです。これを5セット行います。

　続けて行えば、呼吸が乱れ、ケトルベルの高さも維持できなくなります。この左右15秒ワンアーム・スイングの中で、完璧なフォームが全体の何パーセントあるか試してください。スイングを完璧にこなすには年月がかかります。最初から完璧を目指すことをせず、じっくり時間をかけて極めましょう。

最初から完璧を求めない

　SFG（StrongFirst ケトルベル認定資格）のチーフ・インストラクター、ブレット・ジョーンズが、「16kgのケトルベル1つ持って狭い部屋に閉じ込められたら、強くなって出てきてみせる」と言っていたそうです。

　完璧なスイングは何年経ってもなかなかできないものです。また完璧なスイングも人それぞれ違います。ケトルベルの球体、自分の腹部、肩、尻の連動がしっくりくるかを考えてスイングを続けてください。

H2Hスイング（ハンドツーハンド・スイング）

　ワンアーム・スイングのフォーム補正に役立つスイングに、ハンド・ツー・ハンド・スイングという方法があります。ワンアーム・スイングでケトルベルを振り挙げた時に、反対側へ持ち替えるという方法です。

　これは、ワンアーム・スイングやスナッチ（P.208）でケトルベルを床に置くことなく持ち替える動作としても使えます。

　また、スイング中に持ち替えることで、振り下ろす動作を正しく習得できるようになります。

　方法は次の2つあります。

① 一瞬、手をハンドルから離して反対の手で持つ。つまり一瞬ケトルベルが宙に浮いた状態になります。
② 振り挙げた時に両手でハンドルを持ち、一方を離す。

①で行う場合は、一瞬ケトルベルが手から離れるので、ケトルベルを少しだけ自分の身体に引き寄せてから持ち替えてください。

不安を感じる場合は②を選んでください。①で行う場合も、不安があれば、最初は屋外で行うことをお勧めします。

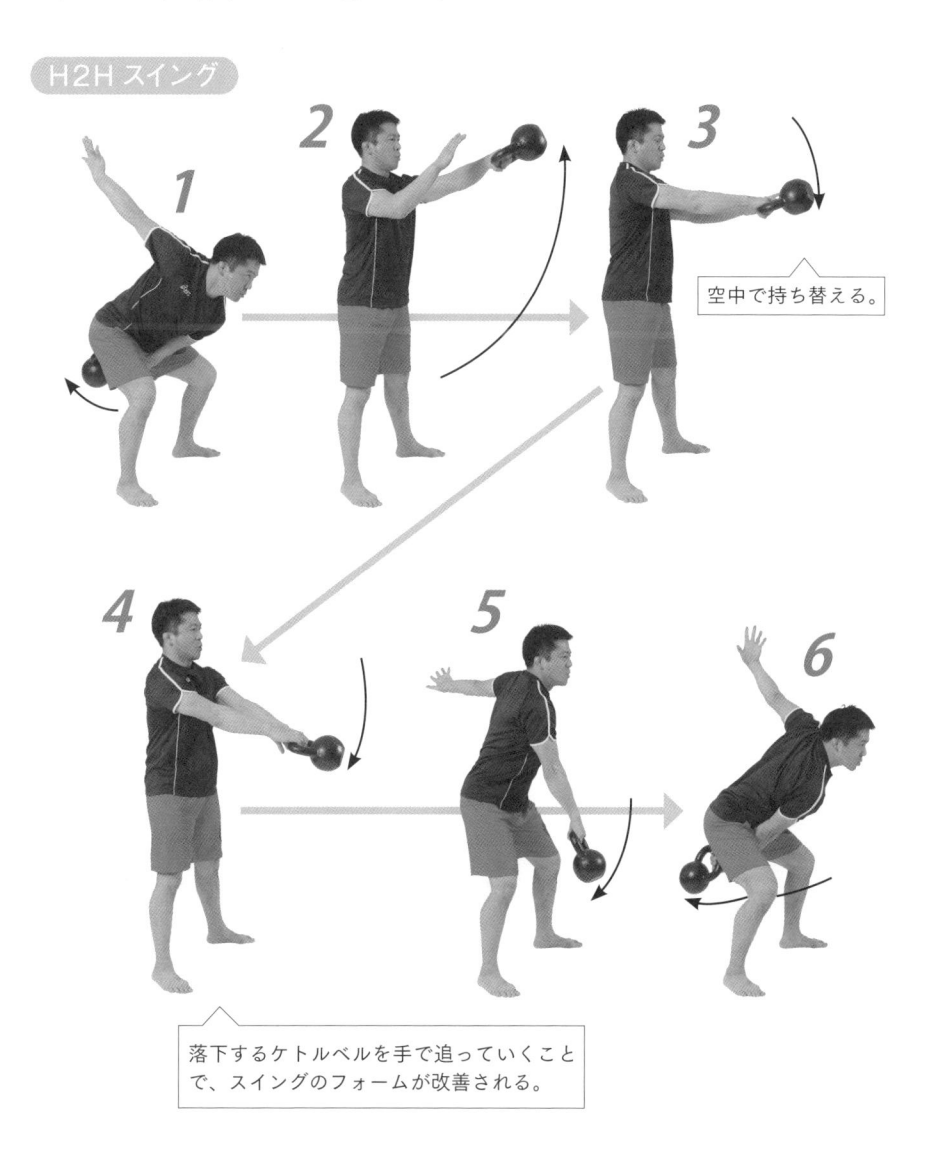

H2H スイング

空中で持ち替える。

落下するケトルベルを手で追っていくことで、スイングのフォームが改善される。

流れで見る！　ワンアーム・スイング

1

2

3

4

内股に前腕を
打ち付けるように、
後ろに振る。

ヒンジ動作で、
ケトルベルを
振り出す。

5

腕がケトルベルに
引っ張られないように。
胸を突き出して、
胴体で引く感覚を
つかめるとよい。

6

7

置くときは、
前に振り出しながら、
静かに置くこと。

3. ゲットアップ

　鉄の鎖は強いものですが、そのどこかに一ヶ所でもプラスチックや布の継ぎ目があれば、それがその鎖の強度です。それが一部でも、弱い継ぎ目があれば、それが鎖全体の強度であるわけです。
　筋肉の連動においても同じことが言えます。仮に連動して動く筋肉に一ヶ所だけスポンジのように弱い筋肉があったとすれば、どうでしょう？　他に強い筋肉があっても、スポンジが力を吸収してしまえば連動できず、力を伝えることができないのです。
　この連鎖する筋肉全体の強度を均等に強化するのがゲットアップです。
　ゲットアップは、スイングと並んで基本種目に位置付けられる、300年ほどの歴史があるといわれる動きです。ケトルベルだけでなく、ダンベルやバーベルでも行われています。
　ゲットアップは仰向けの姿勢でケトルベルを挙げ、そのまま立ち上がり、そして再び仰向けへ戻る動作です。終始伸ばした腕で重量を支え続けることで、全身を鍛えます。スイングが瞬発力や反動をベースにしているのに対し、ゲットアップは一つ一つの動作をゆっくりと行っていきます。
　また、軽い重量を使うと、運動機能や肩の柔軟性促進に効果があります。
　格闘家やレスラーが盛んに行っていたと言われていますが、近年では肩関節のリハビリ等にも使われるようになりました。

スイングとゲットアップの「プログラム・ミニマム」

　ケトルベルの世界では、スイング（ツーアーム・スイング、ワンアーム・スイング）と、このゲットアップがあれば、他に何もしなくてよいと言われています。そのため、この2つによる最小限のプログラムは「プログラム・ミニマム」とも言われます。
　スポーツや海外の警察、消防、軍隊でケトルベルが採用されている場合の多くは、何か特別な種目が導入されているように考えがちですが、実はこの

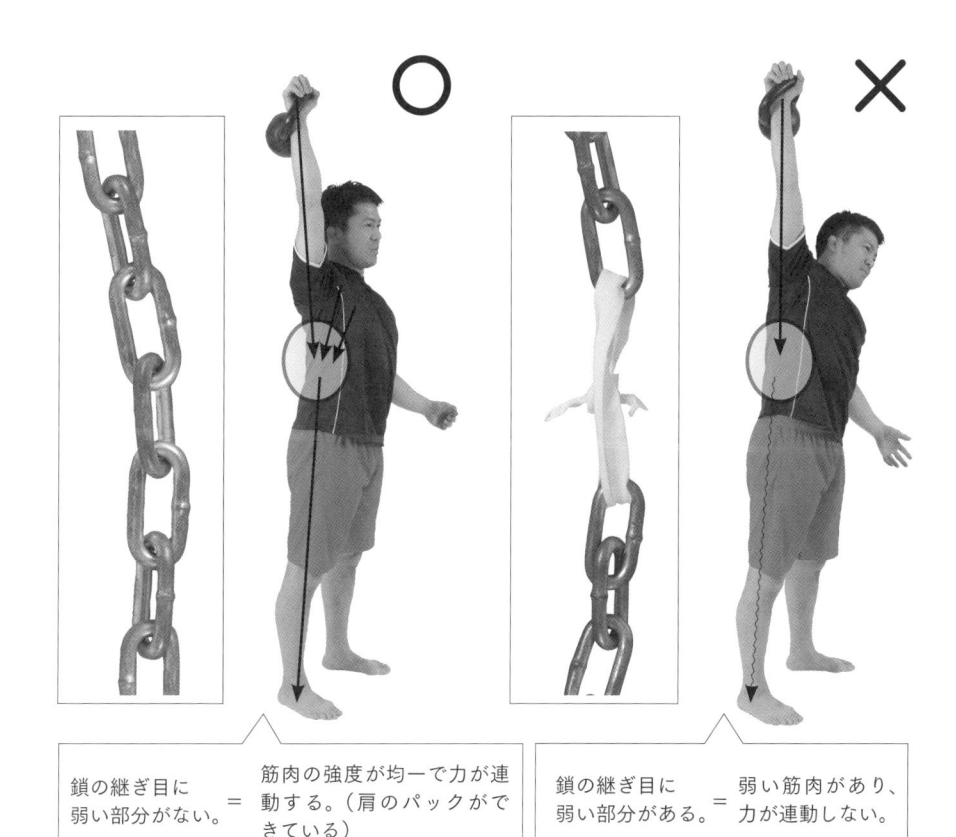

| 鎖の継ぎ目に弱い部分がない。 | = | 筋肉の強度が均一で力が連動する。（肩のパックができている） | 鎖の継ぎ目に弱い部分がある。 | = | 弱い筋肉があり、力が連動しない。 |

2種目を最重要視しています。

特に、肩や腰などに慢性的不具合が出やすい重労働を行う職務では、頭上に勢いよくケトルベルを挙げる種目をすると、かえって弊害が出る恐れがあります。ですから、スイングで下半身から上半身への連動を身に付け、ゲットアップで少しずつケトルベルを頭上へ挙げる過程を強化・柔軟化していく、というメニューが適しているわけです。

普段、肉体的に過酷な活動をしている人ほど向いた種目です。

肩のパック ── 肩を包む、固定する

　ゲットアップのフォームを学ぶ前に、重要な「肩をパックする」ということについて説明します。

　「肩をパックする」とは、ケトルベル用語で、肩を胴体へ連結することを言います。この考え方は、胴体の力を肩を通して腕へ伝えるために、ゲットアップに限らずケトルベルの種目全般に関わってきます。特にワンアーム・スイングのフォームが定まらない場合、パックの練習やゲットアップを行うと修正が効いてきます。

ケトルベルの重量

肩の強化、コントロール

広背筋、臀部の力の流れ

ケトルベルの重量

肩の強化、コントロール

広背筋、臀部の力の流れ

肩のパックのチェック方法

パートナーに腕を引き挙げてもらう

　肩のパックができているかどうかを試すには、パートナーに腕を持ってもらって、引き挙げてもらうと良いでしょう。

　仰向けで腕を挙げて肘をまっすぐにし、そこから脇を締めます。

　その腕をパートナーに引っ張り挙げてもらってください。

　この時、腕だけが引っ張られて、背中が床に残っているのであれば、パックはできていません。

　引っ張られても動かない、または腕と胴体が一枚岩のように引っ張られて背中が浮けば、肩と胴体が連結した「肩がパックされた」状態です。

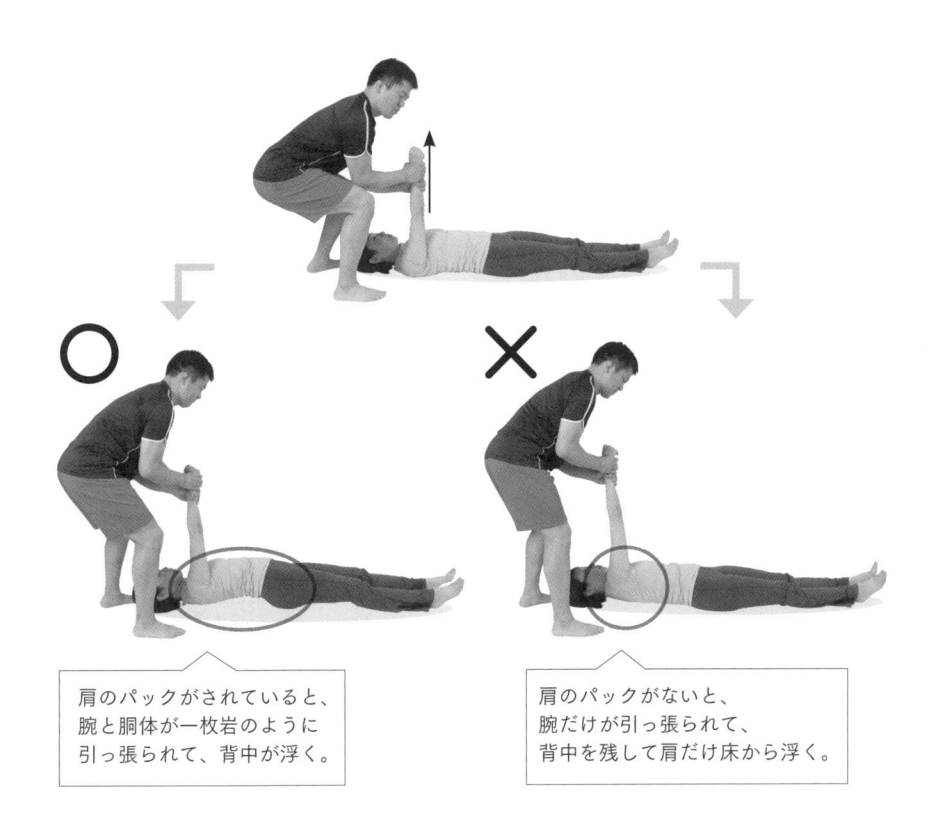

肩のパックがされていると、腕と胴体が一枚岩のように引っ張られて、背中が浮く。

肩のパックがないと、腕だけが引っ張られて、背中を残して肩だけ床から浮く。

一人でパックを体感する方法1

　パートナーなしで肩のパックを意識するのは難しいですが、次のような指標で感じ取ることができます。
・背筋をまっすぐにしながら、肩と耳をできるだけ離す。
・肩を後ろへ引きながら、背筋をまっすぐに維持する。

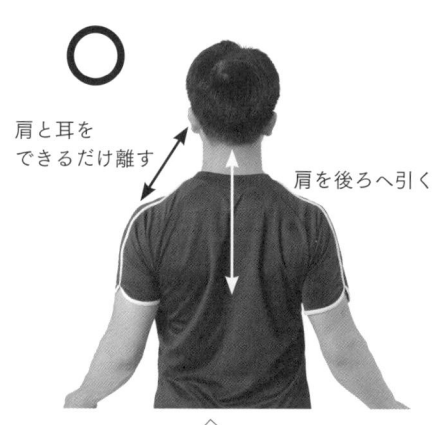

肩と耳を
できるだけ離す

肩を後ろへ引く

肩が
上がっている

背中が
丸まっている

上記の2点を、
背筋をまっすぐにしたまま行う。

一人でパックを体感する方法2

　この方法は、ワンアーム・スイングでも紹介しましたが、これもパックを意識できる方法です。

　床にあぐらで座り後ろへ手をつき、手のひらをつけたまま、小指方向へ手を旋回すると、背筋が伸びながら肩関節が耳から離れます。

　肩を下げて後ろへ引くことが、ここでのポイントになります。

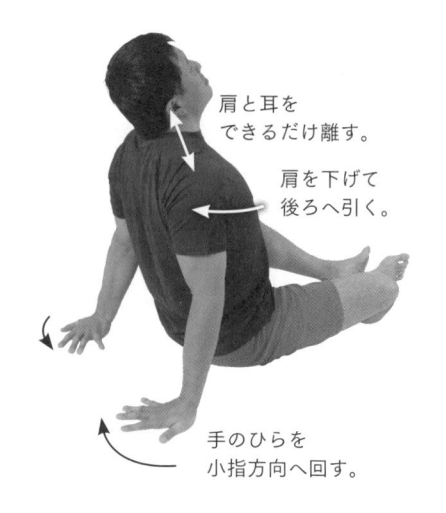

肩と耳を
できるだけ離す。

肩を下げて
後ろへ引く。

手のひらを
小指方向へ回す。

パンチでも活かせる「肩のパック」

　ゲットアップのように手が挙がっている状態でなくても、肩がパックされていれば背中や下半身の動力を、腕や手へ伝えることができます。

　例えば、格闘技におけるパンチのインパクト時は、腕が前へ突き出された状態です。この時にパックされているかどうかで、威力が変わってきます。

　パックされているものが上写真、パックされていないものが下写真です。

　写真だけでは力の連動が伝わりにくいと思いますが、パックされているパンチの方が肩が落ち、リーチも長いことがわかります。

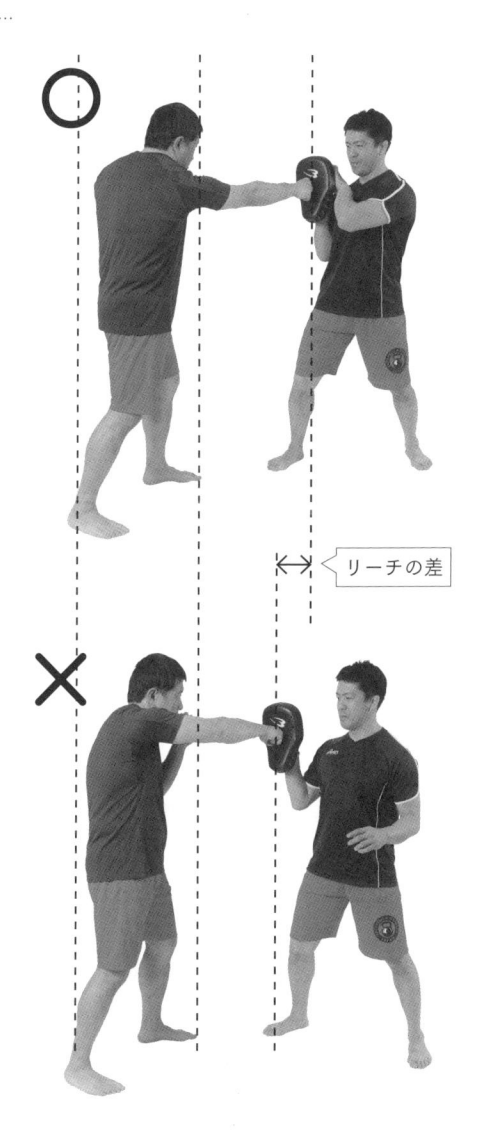

リーチの差

ゲットアップのフォーム

ハンドルの握り方

　まずはハンドルの握り方から説明します。ゲットアップの最中は、ケトルベルが身体や頭の上にあるので、ハンドルの握り方には特に注意してください。

　親指以外の四指をハンドルへ通し、親指を人差し指へつけます。または、ハンドルに四指を立てて、指の先のやや腹側をハンドルにつけます。

　ケトルベルの球体が前腕にかかり、手首が反りやすくなりますが、手首をまっすぐに維持します。曲がった手首では1回30秒近くかかるゲットアップには耐えられません。

　よくある間違えた握り方が、ハンドルに親指しか通していない握り方です。手を開くとケトルベルが顔面に落下する危険があります。必ず四指をハンドルの中へ通して握ってください。ケトルベルの球体が腕の外側にあり、手を開いても親指に引っかかり、落下しない状態になっていることが重要です。

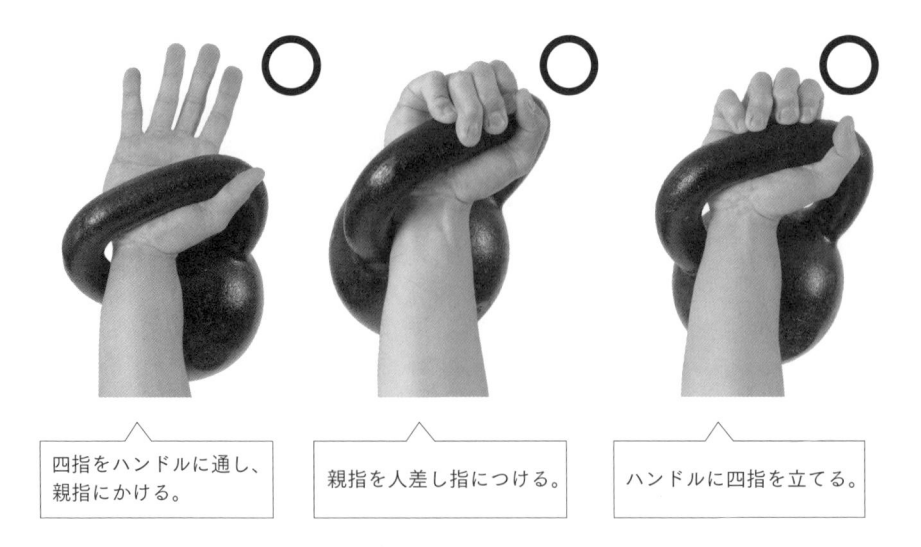

四指をハンドルに通し、親指にかける。

親指を人差し指につける。

ハンドルに四指を立てる。

よくある間違い。
ハンドルに親指だけを
通している。
落下する危険性がある。

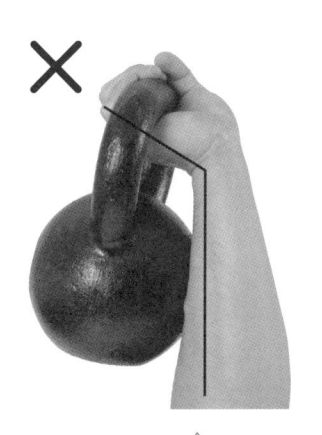

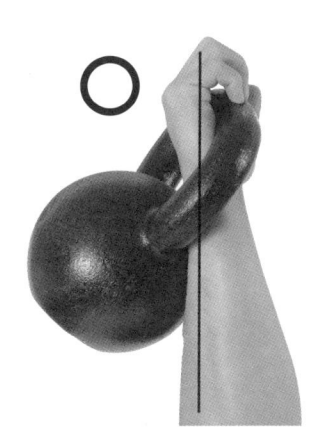

手首が曲がっていては、
重量を維持できない。

手首はまっすぐにする。

Part.2　ケトルベル初級1

仰向けでケトルベルを挙げる

1．準備
（右腕で挙げる場合）仰向けになり、ケトルベルを右横に置く。上半身を右に向けて、右手の四指をハンドルに通して握り、左手でハンドルを握った右手を覆います。

2．ケトルベルのハンドルを握り、反対の手で覆う
仰向けになり、ケトルベルを胸に引き寄せます。

3．仰向けでケトルベルを挙げる
仰向けでケトルベルを両手で挙げます。脇を締めて、手首と肘をまっすぐにしてください。

この時、ケトルベルが顔の上ではなく、肩関節の上にあることを確認してください。

4．片腕で維持する
左手を離し、身体の横に置きます。右腕だけでケトルベルの位置を維持します。

もしケトルベルの重さによって手首が反り返る場合は、重量が合っていません。軽いケトルベルや軽いダンベル、あるいは日用品に代えてください。

仰向けでケトルベルを挙げる

1

必ず四指をハンドルに通すこと。

2

3

まずは両腕で挙げる。

4

この時、ケトルベルが右肩の上にあること。

別角度

4'

Part.2 ケトルベル初級1

ゲットアップ（前半）

1．膝を立てる

ケトルベルを持った側の膝を立てます。ケトルベルを支える肩をしっかり固めて、肘をまっすぐにします。

2．肘に重心を移動して上体を起こし始める

床へついている肘へ全重心をかけるようにして、上体を起こし始めます。

肘をまっすぐにしたまま、胸を前へ突き出し、ケトルベルを見上げてください。

3．手で床を押して、上体を起こす

手で床を押して、さらに上体を起こします。

ここでも胸を前へ突き出すことを忘れないようにしてください。床についた手とケトルベルが、ほぼ一直線を描いているイメージです。

※ここまでがゲットアップの前半で、ハーフ・ゲットアップとも言います。ハーフ・ゲットアップを繰り返して、練習することもできます（P.113）。

ゲットアップ（前半）

1

1' 別角度

目はケトルベルを追う。
胸は突き出す。

2

2' 別角度

目はケトルベルを
追い続ける。
胸を突き出す意識を
忘れない。

3

3' 別角度

Part.2　ケトルベル初級1　107

ゲットアップ（後半）

1．床についた手に重心を移し、腰を突き上げる

2．片膝を立てる

そこから浮いた方の膝を、床についた手の近くまで持っていきます。
その際、脛（すね）を手の方へ引きずるつもりで動かしてください。

3．床から手を放して、片膝立ちになる

※詳しくは110〜111ページで説明します。

4．立ち上がる（ゲットアップ）

そのまま立ち上がります。ここでも胸を前へ突き出す意識を忘れないでください。

再び仰向けに戻る

立った状態から、逆の手順で再び仰向けになり、ケトルベルを身体の横に置いて終了です。

仰向けから立ち上がり、再び仰向けになるまでを、1回とします。

使用する重量、セット数、回数

ワンアーム・スイングが10回可能な重量

男性：16〜24kg、女性：8〜16kg

ゲットアップは、上記の重量で、左右1回ずつを5セット行ってください。柔軟性、スタビリティ、力、パワーの向上が図れます。

仮に、男性で24kgのゲットアップを左右5回ずつできたとすれば、24kgでのミリタリープレス、スナッチ、ジャークなど、ケトルベルを上へ挙げる種目が容易にできるでしょう。

ゲットアップ（後半）

1

重心移動

2

右足を引いて、膝を立てる。

3

4

ここでも胸を突き出す意識を忘れない。

Part.2 ケトルベル初級1

手を床から離す際の注意点

　手を床から離して立ち上がる際、そしてその逆の動きを行う際は、バランスを崩しやすいところです。

　特に高重量のケトルベルを扱う際にこの部分を失敗すると、ケトルベルを落下させるなど、怪我につながりかねません。そうしたこともあり、この本ではできるだけ細かく解説します。

挙げる際の重心移動

1〜2：腰を浮かせる

　重心を手に移しながら、腰を浮かせる。

　座った状態から、手に重心を移す時に、前に伸ばした足（左足）を引き寄せて、尻の下に膝を立てる。つま先は横を向きます。

2〜3：重心をかかとへ移す

　重心をかかとへ移動させる際には、かかとの上に座るイメージを描いてください。

3〜5：後ろのかかとを90°回し立つ

　手を床から離し、片膝立ちになります。つま先は90°回す。
　そこから一気に立ち上がってください。

戻る際の重心移動

6〜7：後ろのかかとを90°回す

　戻る時も片膝立ちから、後ろのかかとを90°回してください。

7〜9：重心を移してから手をつき、着座

　かかとから手へと重心を移しつつ低くなり、最後に足を前へ出して着座してください。

ゲットアップの重心移動

重心移動

90°

90°

Part.2 ケトルベル初級1

右から左、左から右へケトルベルを移動する方法

　ゲットアップを一方の手で行った後で、続けて反対側の手でゲットアップを行う場合、右から左、あるいは左から右へとケトルベルを移動させることになります。その方法について、解説をします。

　仰向けのままで左右を換える場合は、両手でケトルベルのハンドルを握り、床を引きずるようにして反対側へ移動します。

　重いケトルベルの場合は、一度立ち上がってケトルベルを置きなおしてください。

　左右を換える時に行いがちなのが、胸部や腹部に乗せて反対側へ置くことは避けてください。8kg、12kg程度のケトルベルであれば腹部に置いても害がないかもしれませんが、将来を見据えてケトルベルの扱いは、基本的に12kgも32kgも同じように扱うべきだからです。

仰向けでのケトルベルの移動方法

1　2　3　4

> たとえ、軽いケトルベルでも、
> 腹や胸の上を通過させる習慣は
> 事故のもとになる。注意すること。

ゲットアップ修得のためのトレーニング方法

ハーフ・ゲットアップ

ケトルベルが重くて立ち上がるところまでできない、あるいはゲットアップを軽く済ませたい場合に行うのが、ハーフ・ゲットアップです。

通常のゲットアップのように立ち上がるところまで行わずに、仰向けから座るまでの動作を繰り返すものです。

これまで挙げたゲットアップの注意点に加え、常に胸を前に突き出すことに意識を向けてください。

体力の消耗が通常のゲットアップに比べると少ないので、一挙動ずつ静止して、深呼吸等をしてリラックスしてください。

仰向けから座った状態までを2〜5回連続して行います。

ハイブリッジ

ハーフ・ゲットアップの座った状態から、思い切り尻を引き締めて腰を突き上げ、大腿部と胴体がアーチを描くようにします。ケトルベルを持った側のかかとを浮かさず、反対側のつま先は横へ倒します。これをハイブリッジと言います。

胸椎の柔軟性、肩の強化、尻の引き締め、骨盤周りの柔軟性をここで調整できます。

また、手に物を持って負荷がかかっている時に、骨盤にどれだけ柔軟性があるかがわかります。

尻を最大限に引き締めたこのポジションは、様々な運動競技のフォームに似ています。

例えば、野球の投球でボールが手を離れる直前の最大出力の状態や、バットやテニスのラケットを振る動作でも見られます。格闘技では回し蹴りで力を溜めてから蹴る瞬間にも見られるフォームです。

それだけにスポーツ動作の向上に一役買う動きだと言えます。

ハイブリッジ

1

2

アーチ

つま先を倒す。

3

ネイキッド・ゲットアップ

　ネイキッド・ゲットアップは、ネイキッド（裸）つまり手に何も持たずに、コブシを作ってゲットアップと同じ動作を行うトレーニング方法です。

　ゲットアップの動作を覚える、リハビリ用に行う、旅先などの用具がない場所で行うことができます。

カメからのネイキッド・ゲットアップ

　ケトルベルを手に持たずに行うネイキッド・ゲットアップを工夫すると様々な動きができます。例えば、うつ伏せのカメの様な姿勢から脚を出して、ゲットアップの姿勢へ移行する動きを反復すると、関節可動域が広がり、運動機能も改善されます。

カメからのゲットアップ

1　カメ
2
3　ネイキッド・ゲットアップ
4

ゲットアップを利用したストレッチ

ゲットアップの動作を利用したストレッチを紹介します。

軽めのケトルベル、あるいは軽い固定重量のダンベルでも代用できます。

重いケトルベルを使わないのは、ストレッチではリラックスさせたいからです。重いケトルベルでは腕の筋肉が過大に収縮し、ストレッチ効力が弱まります。

ストレッチ用の重量

男性：4～12kg、もしくは軽いダンベル他、日用品
女性：4kg、もしくは軽いダンベル他、日用品

首の旋回

ゲットアップ中の安定した状態なら、どの体勢でも可能です。

ケトルベルと下の腕を交互に見るように、首をゆっくり回します。この動きで首がほぐれます。

首の旋回

1　2

ケトルベルと下の腕を交互に見る。

胸椎、肩を柔らかくする

　ゲットアップの腰を浮かせる前、座って後ろへ手をついた姿勢でストレッチします。

　肘を伸ばし、肩をパックして、ケトルベルを挙げたまま、後ろへついた手を小指方向へ旋回します。わずかな動きですが、肩に窮屈さを感じるようになるでしょう。そこで深呼吸し、思い切り息を吐いてください。

　胸椎と肩を柔らかくするストレッチになります。

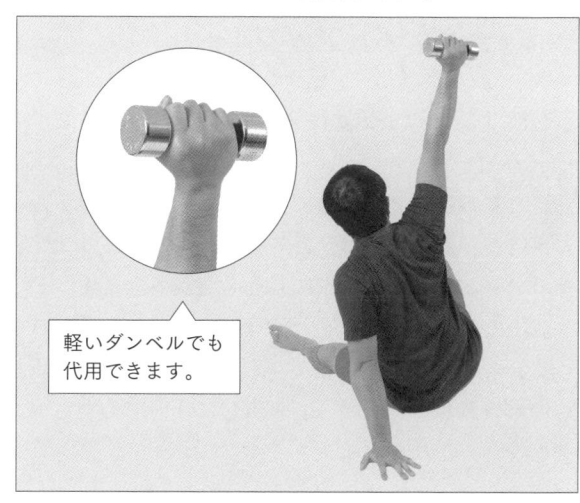

胸椎、肩のストレッチ

1

2

手のひらを小指方向へ回す。

軽いダンベルでも代用できます。

Part.2　ケトルベル初級1

もっと軽いものでもやってみましょう

また、プラスチックのボトルや丸めたタオルなどをこぶしの上に乗せてゲットアップを行っても良いでしょう。筋肉に負荷はかかりませんが、落とさずに行うためにゆっくり動かなければならないため、少しずつ肩関節等の可動域が開いていきます。

軽いからこその難しさとおもしろさ、有効性がある。

ヘビー・ゲットアップ

男性で32kg以上、女性20kg以上の重いケトルベルを用いたゲットアップ――ヘビー・ゲットアップを行う場合について解説します。

筋力のある人でも、背丈と骨格は限られているため、ケトルベルの球体が大きいと、動作中のバランスを崩しやすくなります。筋力に関係なく、高重量のゲットアップは慎重に行う必要があります。

32kgのケトルベルは直径が20センチ以上あるので、手首へかかる負担とバランスの調整が難しくなります。したがって、正しいフォームを作り、一動作ずつ鼻から息を吸って小出しに吐いてください。一動作ごとに停止して息を吸う、これがポイントです。

また、ケトルベルを落下などの失敗を想定して、周囲を破損しない屋外で行う、あるいはパートナーにサポートしてもらうなど、注意して行ってください。

初動に注意

ヘビーゲットアップにおいて最も難しい点は、初動です。

仰向けで床につけた肘へ、しっかりと重心移動してください。その為には、ケトルベルを持つ側の足の裏で床を踏みつけて、反対側の肘に重心を全て移動するようにします。32kg以上のケトルベルに対して、腹筋でバランスを保つのは厳しいことです。

また、立ち上がるまでの力を温存する意味もあるので、できるだけバランスのとれた動きを行ってください。

ケトルベルを見る！

ケトルベルを見ながら行うことも重要です。ケトルベルの方を向くと、自然に肩と腕が後ろへ下がり、ケトルベルが安定します。

反対に下を見てしまうと、肩も腕も前に移動し、ケトルベルが落下する危険があります。

特に大きなケトルベルを用いる場合、終始ケトルベルを注視してください。

重いケトルベルを使う場合は、サポートしてもらうとよい。サポートはケトルベルに触れないギリギリの位置で構える。

Part.2 ケトルベル初級1

ヘビー・ゲットアップ（前半）

1
2
3

ケトルベルは
肩の上にあること。

4
5
6

床につけた肘へ
重心を移動させる。

勢いで行わずに、
確実な重心移動を
してから、
上体を起こすこと。

胸と顔を前に出し、
伸ばした腕が
耳の横に来るように
する。

Part.2　ケトルベル初級1

ヘビー・ゲットアップ（後半）

> ここでもまだ気を抜かない。
> 右腕をまっすぐに保ち、
> 重量を支えること。

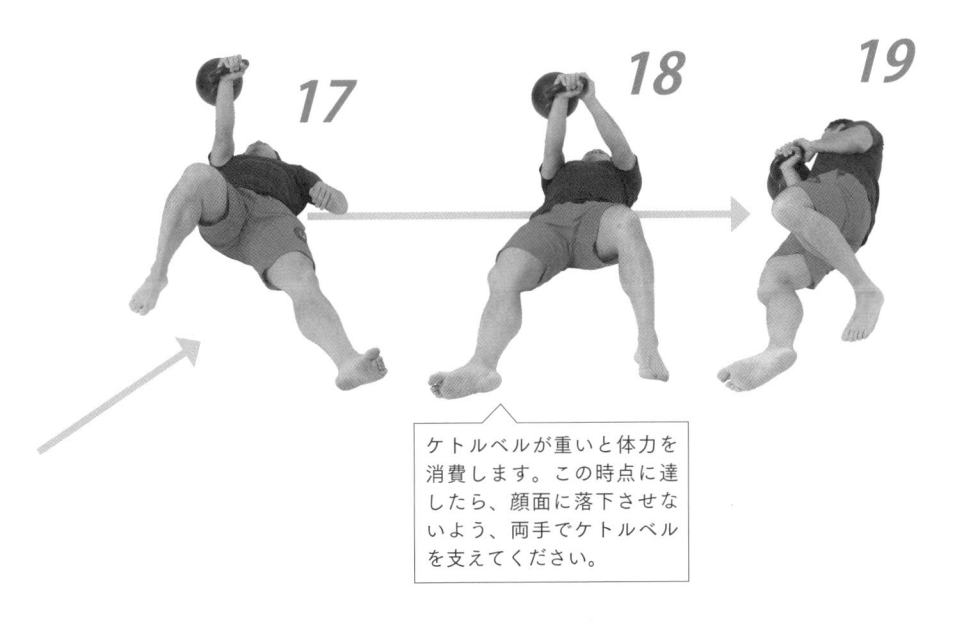

17 *18* *19*

> ケトルベルが重いと体力を
> 消費します。この時点に達
> したら、顔面に落下させな
> いよう、両手でケトルベル
> を支えてください。

仰向けに戻る時にも、慎重に

　立ち上がった状態から、逆の手順で最初の仰向けに戻ります。その過程も気を抜くことなく、慎重に行ってください。

　安全に下ろすところまでがスイングだったように、ゲットアップも最初の姿勢に戻るまでがゲットアップです。確実な重心移動に学びがあるのです。

　連続写真の前半も後半も、終始、ケトルベルを目で追っていることがわかるかと思います。完全に挙上した姿勢では、ケトルベルは視界の外ですが、目で追い続ける意識は持っていてください。

流れで見る！ ゲットアップ（前半）

1

2

ケトルベルは
肩の上にあるように。

3

常にケトルベル
を見ること。

4

5

胸を突き出す
意識を忘れない。

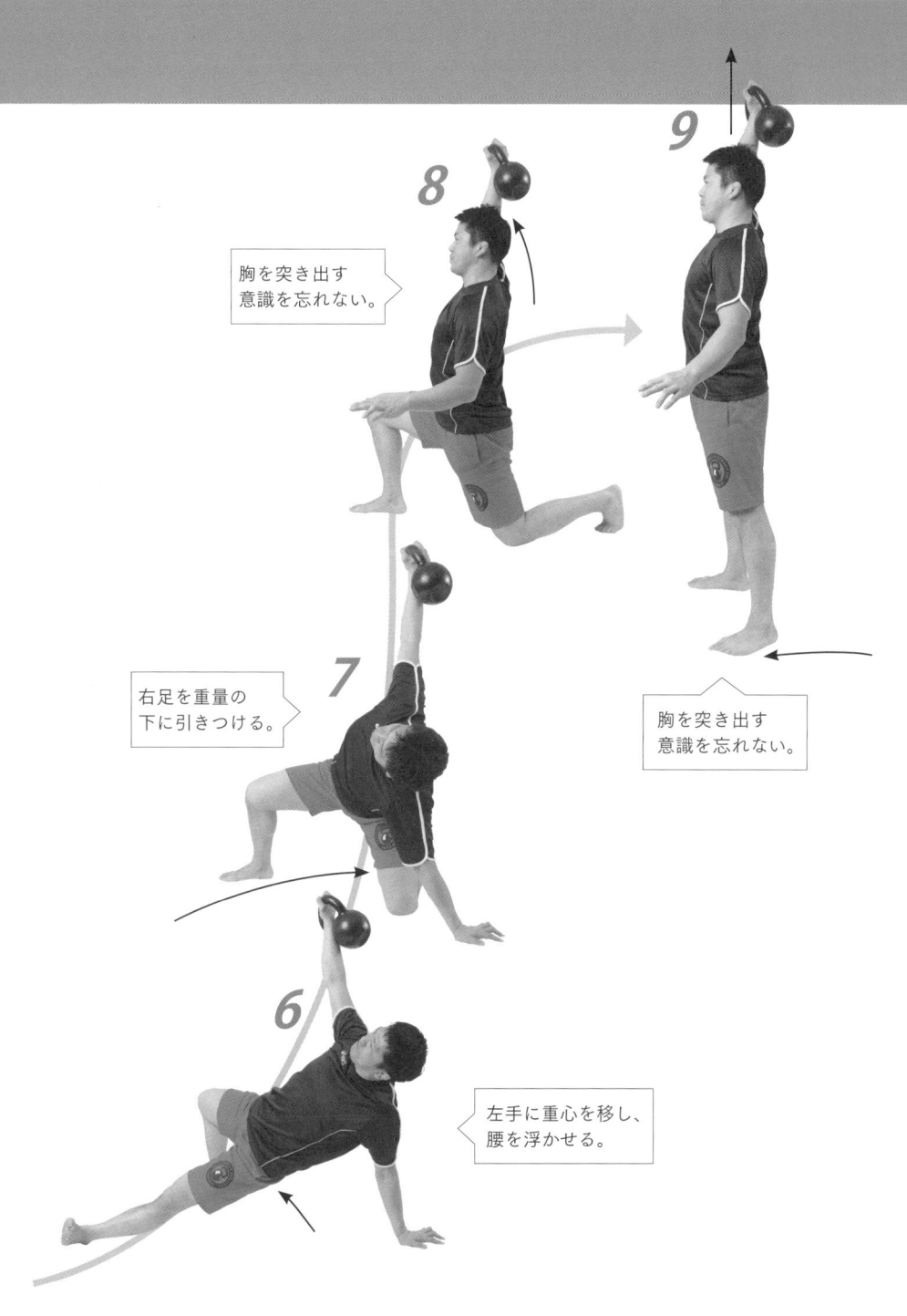

右足を重量の
下に引きつける。

左手に重心を移し、
腰を浮かせる。

胸を突き出す
意識を忘れない。

Part.2 ケトルベル初級1

流れで見る！ ゲットアップ（後半）

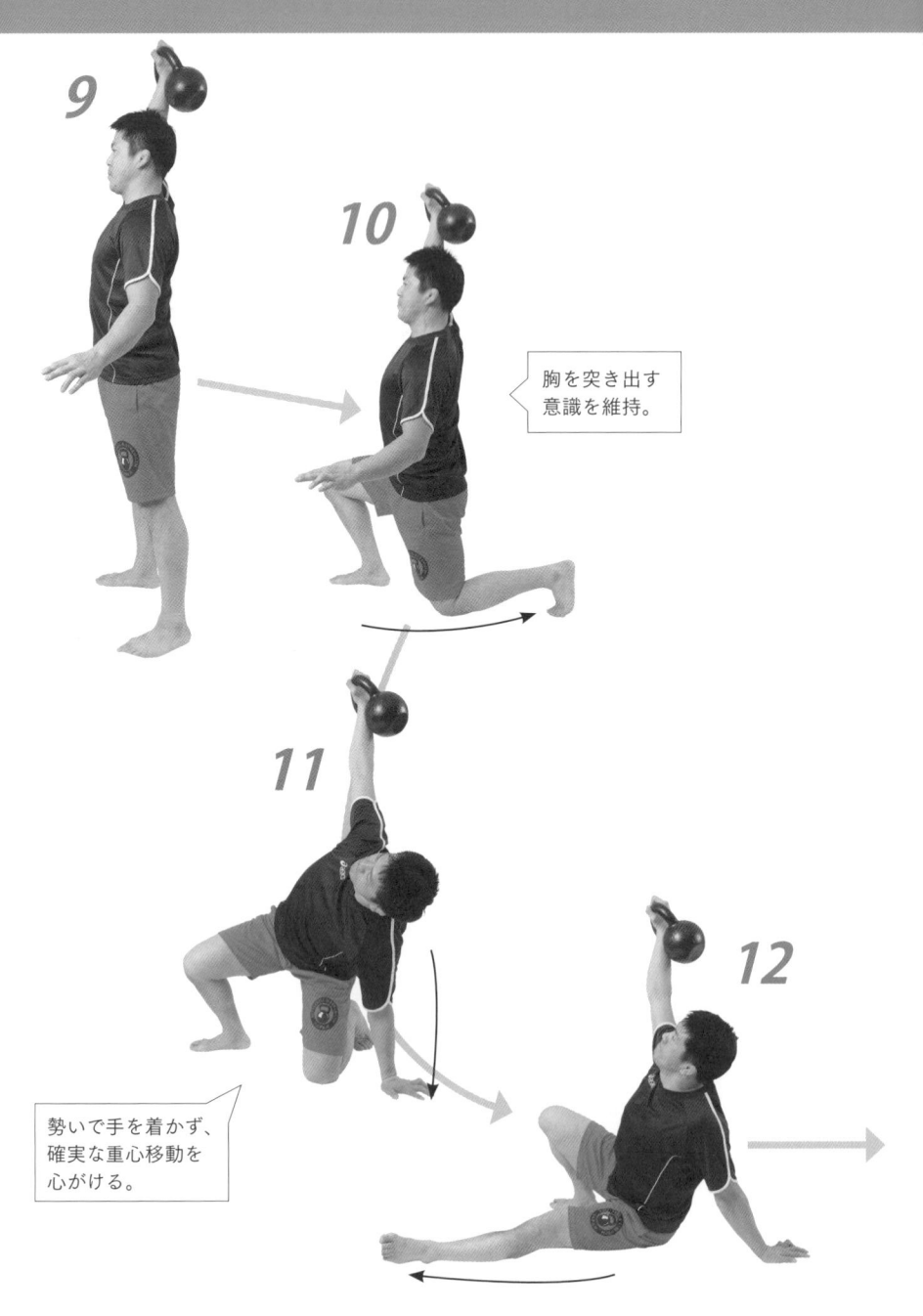

9

10 胸を突き出す意識を維持。

11 勢いで手を着かず、確実な重心移動を心がける。

12

ケトルベルを
見たまま。

Part.2 ケトルベル初級1

4. ゴブレット・スクワット

　立った状態から深く座ることで下半身を強化するスクワットですが、一般常識で考えると膝を怪我していては、痛くてできないと思われる方が多いはずです。
　しかし、ケトルベルを胸の前に抱えて行うゴブレット・スクワットと、その原理を利用すると、この一般常識が覆ります。
　スクワットは本来下半身強化の種目ですが、考え方によっては上半身の負担を増やして、下半身の負担を軽減する方法にもなるのです。

ゴブレット・スクワットで期待できるもの
　バーベル使ったスクワットは、一般的に下半身の筋肉を強化するものとして認識されています。
　では、ゴブレット・スクワットはどうでしょう？　バーベルでは50kg以上100kg台で行うスクワットをするのに対し、ケトルベル1つで8〜32kgですから、重量はそれほどではありません。
　では、ケトルベルのスクワットで何が期待できるか？　その特徴は次の通りです。

・重量が軽いため、深くスクワットしても危険が少ない。
・胴体の強化と脚の柔軟性を鍛える。
・重心が脚よりも上半身に集中する。
・上半身駆動によって下半身動作を制御する身体が仕上がる。

　荷重が軽減されたスクワットの動作は意外なことに、上半身の動力へ働きかけるとともに、柔軟性を高める作用が働くのです。

ケトルベルを持つとスクワットがしやすくなる

バランスが維持しやすい

普通、何も持たずに下までスクワットすると、バランスを崩して後ろへ転倒しがちです。しかし、ケトルベルを持つと、その重さがバランスを維持してくれるため、転倒を防ぐことができます。

膝に優しいスクワット

スクワットは膝に負担をかけると一般には考えられていますが、動力や負荷を上半身にかけることで膝に優しいスクワットができるようになります。これが本来のスクワットであると考えています。P.134も参照してください。

ケトルベルを2つ使う、ダブル・フロント・スクワット（P.234）でも脚の強化ができます。

ケトルベルのホーンを両手で持つ。

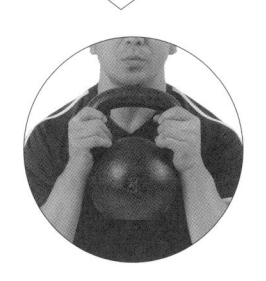

ケトルベルを持つことによって、深くスクワットしてもバランスを維持できる。

ゴブレット・スクワットのフォーム

1. 準備

　ツーアーム・スイングの応用で、いったん後ろへ振ったケトルベルを、尻を締める力で胸の前に挙げ、ケトルベルが浮き上がっている瞬間に、ハンドルを持ち替えます。ハンドルの上部を握っていた両手を左右にずらして、ハンドルのホーン（側面の球体よりの部分）を持ち、脇を締めます（P.132参照）。

2. 腰を下ろす

　背筋は長くまっすぐにしたまま、両膝を外へ外へと開くようにして、膝の間に腰を下ろします。
　背筋を長く伸ばしたイメージで腰を下ろし、太腿が床と平行かそれより低い位置に達したところで静止します。

3. 立ち上がる

　立ち上がる時は、肩と腰で同時に立ち上がってください。この時、「ハッ！」という掛け声と同時に、勢いよく立ち上がります。腹部に力を込めて腹圧を作って腰と上半身を一体化させることがポイントです。腰だけで立ち上がると、上半身が前へ傾き、腰を痛める原因になります。
　もし腹に力を入れるのが難しい場合、パンチを腹部に受ける時のことを想像してみてください。自然と腹部に力が入ります。

「パンチを腹で受けるかのように力を入れろ。想像力が乏しくそれができない人は、私がパンチをご提供しよう。」

パベル・ツァツーリン

4. 最後はスイングと同じように置いて終了です。

ゴブレット・スクワット

1

2

3

スイングの要領で浮かせ、左右の手をずらして、ホーンを握る。

4

5

ハッ！

6

脇を締め、背筋を伸ばす。

膝を外に開いて、深く腰を落とす。

掛け声とともに、立ち上がる。

Part.2　ケトルベル初級1

ゴブレット・スクワットのポイント

ハンドルの持ち方

ツーアーム・スイングから胸の前に引き寄せ、ハンドルのホーン（ハンドルの球体寄りの部分）を持ち替え、脇を締めます。

膝を外に開くように腰を下ろす

背筋は長くまっすぐにしたまま、両膝を外へ開きつつ、膝の間に腰を下ろします。

尻から立ち上がらない

　尻から立ち上がると、上半身が前へ傾き、腰を痛める原因になります。

　また、尻を先に上げてしまうと、背中が丸まりやすく、上体を起こせたとしても、反り上がるような、身体に負担のかかる動きになってしまいます。

上半身を使うスクワットのしゃがみ方

格闘技の選手や練習生にスクワットを教える際、「両膝で同時に膝蹴りをするのがスクワット」と説明することがあります。
つまり、立った状態から両膝を同時に挙げるとスクワットになるわけです。
転倒しそうで不安な方は、何かにつかまって、両膝を同時に挙げてみてください。
勢いよくこれができない場合は、仰向けになって左右の膝を自分の腹部へ思い切り引きつけても良いでしょう。
さて、膝を引き上げる時、どこの力を使っているでしょう？　答えは腸腰筋です（P.79参照）。

腸腰筋の働きを実感する方法

この腸腰筋の働きを実感する方法としては、次のようなものがあります。
まず、仰向けに寝て、片膝を曲げて胸の方へ挙げます。その膝をパートナーに抑えてもらい、膝を下ろそうと力を入れてもらいます。
次に、パートナーがパッと膝を放します。すると、膝が勢いよく挙がります。このバネのような働きをしているのが、腸腰筋なのです。
一人で行う場合は、自分の手で抑えても構いません。また、バランスを崩さなければ、片足で立って行ってもよいでしょう。

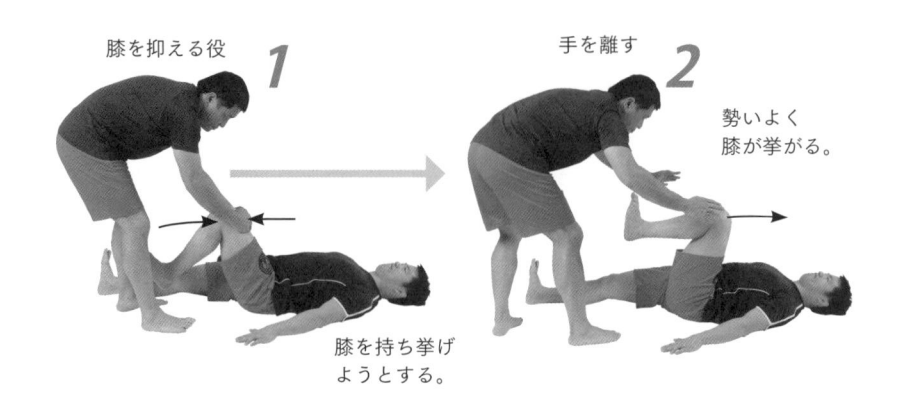

カール・スクワット

　カール・スクワットは、上半身に力を入れることで脚の負荷を軽減しながらスクワットをする方法です。上半身に動力と負荷を集中させることでスクワットがしやすくなり、上半身の動力が脚の機動力にどれだけ関与しているかが体感できます。

　まず、立った状態で腕をまっすぐに下ろして、両手でケトルベルを持ちます。

　次に、ケトルベルを腕を曲げて持ち上げると同時に腰を下ろし、深くしゃがんだところから再び立ち上がります。

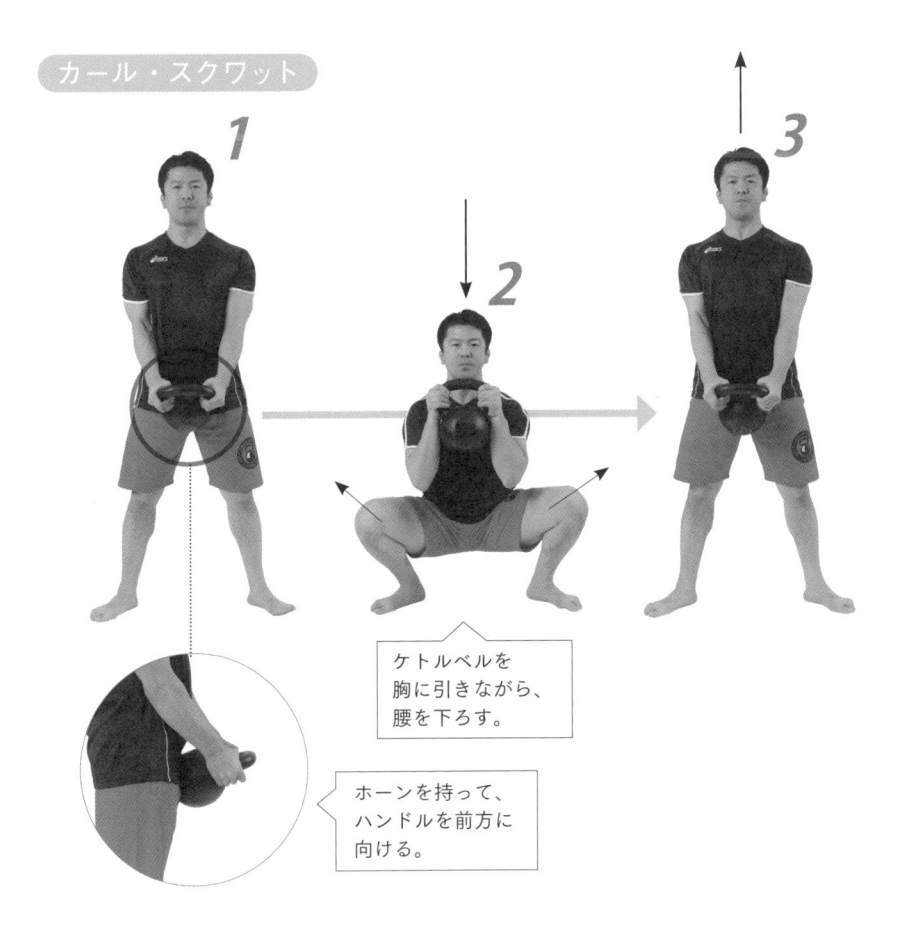

カール・スクワット

ケトルベルを胸に引きながら、腰を下ろす。

ホーンを持って、ハンドルを前方に向ける。

スクワットの活用

スクワットの動きを利用した柔軟体操1

　ゴブレット・スクワットで一番腰を下ろしたところで、背筋をまっすぐにしたまま、肘を膝の内側に押し付けて両膝を外へ外へ押し付けます。これが関節の柔軟化につながります。

　転倒が怖い方は、ケトルベルを床に置いてそのハンドルをつかんでください。柱や土台のしっかりした家具でも同様に行えます。

スクワットの動きを利用した柔軟体操2

　上体を前後左右に傾けるようにして、骨盤や股関節をゆっくり動かしてください。これを3分ほど続けますと、これだけで股関節が柔らかくなります。

　足首や股関節が硬くて、深くしゃがめない人は、つま先やかかとを浮かせるなどして、上体を傾けるようにしてください。

柔軟体操1：肘で膝を外へ開く

柔軟体操2：上体を左右に傾ける

足首が硬い人は、つま先やかかとを挙げてもよい。

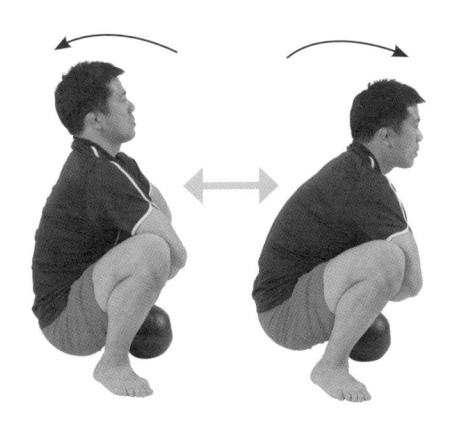

柔軟体操2：前後に傾ける

ヒンジとスクワット

　ヒンジとスクワットは似て非なる動きです。混同しがちですが、これらを明確に区別できることが、ケトルベルの動作を理解する原点になります。スイングでもお話ししましたが、ここで詳しく解説します。

　まず、「ヒンジ」とは、扉の蝶番(ちょうつがい)のことです。
　膝を不動のまま、骨盤を後ろへ引く動作を、ケトルベルではヒンジと呼びます。前にも書きましたが、どこかのバーカウンターにある座面の高いスツールに腰かける時に、尻を後ろへ引いて座るイメージです。このヒンジが、ケトルベルの基本種目であるスイングの基本動作になります。

　骨盤を後ろに引いてから前へ出す動作は様々な運動に含まれています。垂直跳びはわかりやすい例で、まず骨盤を引いてから上へ跳ねています。これがまさにヒンジ動作です。こうしたヒンジの動きは、走る、投げる、打つ等の動きにも含まれています。動きとして表面化するのが部分的で、また一瞬の為なかなか気がつきませんが、ヒンジは運動のとても重要な要素なのです。

　これに対してスクワットは、下へしゃがむ動きです。もう少し分析的に表現すれば、膝を前や外へ開いて骨盤を下へ落とす動きです。バーのスツールではなく、風呂場の椅子に座るような動きと言えるでしょう。

　ヒンジとスクワットを比較してみると、次のようになります。

ヒンジ	加速、瞬発力、前進	
	ケトルベル・スイング	バーベルトレーニングではデッドリフト
スクワット	減速、ブレーキ、方向転換、後退	
	ケトルベル・スクワット	バーベルトレーニングではスクワット

　自動車で言えば、ヒンジはアクセル、スクワットはブレーキです。つまり加速・減速の関係と言えます。

問題は、ヒンジとスクワットを混ぜて動く時です。骨盤を後ろへ引きながらしゃがむような動きでは、加速と減速を同時に行うものですから、中途半端な動きになりがちです。

　ケトルベルのスイングでもヒンジとスクワットを混ぜてしまうと、思わぬ形で身体に支障をもたらします。ケトルベル・インストラクターの小野卓弥が、スポーツ向けのトレーニングでヒンジとスクワットを混同することの影響を、次のように説明しています。

「スクワット型のスイング」の弊害

小野卓弥（SFGケトルベルインストラクター）

　ある競技の選手が、高重量のケトルベルでスイングしている動画をインターネット上に公開していました。ただ、それは「スクワット型のスイング」でした。専門的な指導を受けたことがない選手だったのでしょう。

　このようなスクワット型のスイングでも、心拍数は上がるため、「キツイ‼」という感覚は強く、それなりの満足感はあります。ただ恐いのは、このキツさを良いトレーニングと受け止め、間違えた解釈のまま、「スタミナがついた！」と思い込むことです。

　ヒンジ型のスイングは、機動性を鍛える動きです。一方、スクワット型のスイングは、ブレーキ機能を強く働かせ、ストップ動作がかかるので、速く動く訓練にはなりません。また身体の前面で衝撃を受けるクセがつきます。

　スクワット型はスムーズに動くべきところで、必ずワンクッション余計な力が入り、動作が遅くなります。最も大事なトップレベルの試合で、このように余計な動作が入れば、勝つ道理がありません。

　もちろんこれはケトルベルの問題ではなく、正しい方法やスイングとスクワットの違いがわからないまま行っているため、結局時間の無駄になってしまうのです。目的に合った方法を行っていないにも関わらず、自分では、"目的に合った方法を行っている"という思い込みがあるために、実際とのイメージのギャップが広がったのです。その結果、試合でパフォーマンスを発揮することができなくなるのです。

流れで見る！　ゴブレット・スクワット

1

2

3

4

5

6

スイングの要領で浮かせ、左右の手をずらして、ホーンを握る。

脇を締め、背筋を伸ばす。

7

8

9 掛け声とともに、立ち上がる。

ハッ！

膝を外に開いて、深く腰を落とす。

10

11

下ろすときもスイングの要領で行う。

Part.2 ケトルベル初級1

Part 3
ケトルベル 初級2

- ▶ バラエティー種目
- ▶ クロコダイル・ブリージング
- ▶ ジョイント・モビリティ
- ▶ ストレッチ
- ▶ アームバー・シリーズ&モビリティ

1. バラエティー種目

　スイング、ゲットアップ、スクワットを覚えた上で、少しお楽しみ要素を加えた種目をバラエティー種目と言います。
　トレーニングにリズムをつけるために、週1回はメニューに加えると良いでしょう。「効果は？」と聞かれても一概には答えられません。ただ、通常の種目とは違った刺激と経験を身体に与えることで、新しい気づきにつながると教えます。視覚と身体の連動などをトレーニングできるものもあります。

フィギュア8ホールド

　片手でケトルベルを足の外から後ろへ回し、もう一方の手で股の間から受け取り、胸のところまで持っていきます。さらに持ち替えた手を使って反対側で繰り返します。軽めのケトルベルを使ってください。

フィギュア8ホールド

H2Hクリーン

ワンアーム・スイングの延長種目です。H2Hは「ハンド・ツー・ハンド」の略です。

一瞬、手からケトルベルを離し、手のひらでキャッチします。続いて、手を振り下ろしながら、再びハンドルを握って振り下ろします。

軽めのケトルベルで行ってください。また、慣れるまでは屋外で行いましょう。

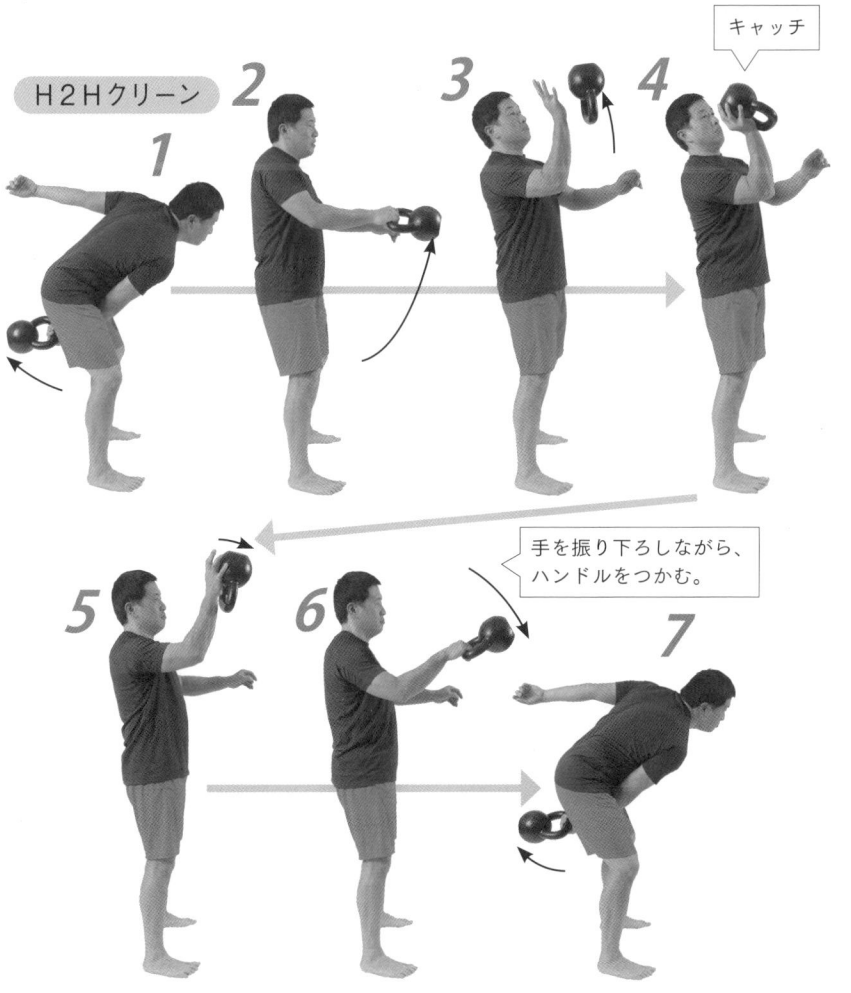

H2Hクリーン 1 2 3 4 キャッチ

5 6 手を振り下ろしながら、ハンドルをつかむ。 7

片足デッドリフト

足の横に置いたケトルベルをヒンジ動作で片手で持ち挙げます。片足立ちでヒンジ動作をし、もう一方の足をまっすぐ後ろへ引きます。

背筋をまっすぐにしたままケトルベルを床に置き、再びヒンジ動作で立ち上がります。途中でバランスを崩しかけた場合は、無理せず両足を着いてやり直してください。

ケトルベルの重さは軽いものから重いものまで試してください。両手に1つずつ持つと瞬発力のトレーニングになります。

これはリハビリや姿勢矯正のトレーニングにもなりますので、是非取り入れてください。

片足デッドリフト

ゲットアップ・シットアップ

　仰向けの状態で片手でケトルベルを挙げます。この際に、もう1つのケトルベルのハンドルをつま先にひっかけて行うことも可能です（靴を履いて行っても大丈夫です）。ケトルベルが1つしかなければ、パートナーに足を抑えてもらっても良いでしょう。

　起き上がる時は尻を床へ押し付ける要領で行います。

　頭上のケトルベルが前へ落下しないよう、起き上がるにつれて腕をまっすぐにしたまま、耳の横へ移動させます。

　左右5回ずつ行うことで、通常の腹筋運動の数十回分の効果があるでしょう。

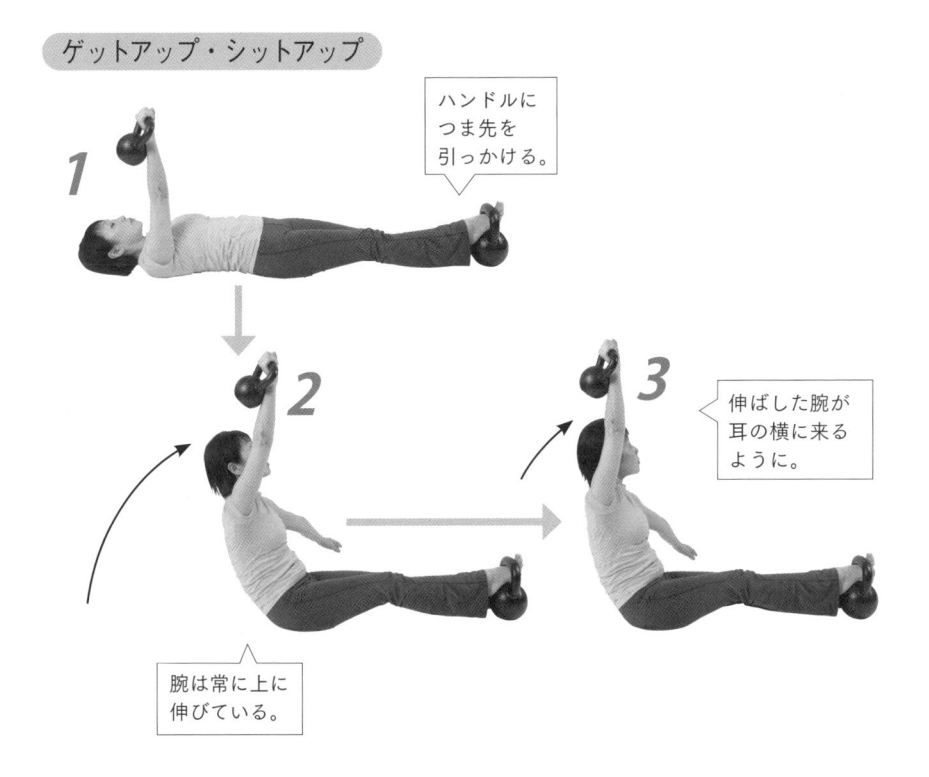

ゲットアップ・シットアップ

1 ハンドルにつま先を引っかける。

2 腕は常に上に伸びている。

3 伸ばした腕が耳の横に来るように。

ホットポテト

　両足を浮かせて座った状態で、両手のひらにケトルベルを持ちます。片手でケトルベルの球体を下から持ち、もう一方の手へケトルベルを放ります。

　あたかも熱いジャガイモを手にした時に、手から手へ放るイメージで行ってください。

　この時、手から手へケトルベルが渡ることで、衝撃が腹筋へ波及します。

　座った状態だけでなく、立った状態、スクワットした状態など、いろいろな体勢でもできます。

ホットポテト

熱いジャガイモを
手から手へ放るイメージ。

両足を浮かせた
まま行う。

デッキ・スクワット

　ゴブレット・スクワットの応用です。一番深いところまで腰を落とし、そのまま、ゆっくりと背中側に転がり、そのまましゃがんだ姿勢に戻り、立ち上がります。

　負荷をつけて立ち上がるということでもありますが、何も持たずに立ち上がれない人でもケトルベルを前へ突き出すことで、バランスをとって立ち上がることができます。

デッキ・スクワット

1

2

3

背中側へ転がる。

4

5

起き上がって、立ち上がる。

6

7

クラッシュ・カール

　ケトルベルの球体を、両手でつぶすようにして持ち、そのままアーム・カール（腕を曲げて持ち挙げる）します。胸、腕、腹筋に効果が波及します。

　動きはツーアーム・スイングの応用で、スイングから胸の前でケトルベルを浮かせ、片手ずつケトルベルの球体を支えます。

　最後に床に下ろす時も、一方の手で支えてから、もう一方の手でハンドルをつかみ、スイング要領で下ろします。

両手で潰すように。

クラッシュ・カール

ファーマー・ウォーク

　インストラクターという仕事柄、移動の際にケトルベルを何個も持ち歩くことがあります。2〜3つのケトルベルを持って階段を昇り降りしたり、リュックサックに32kg相当のケトルベルを入れて電車移動したこともあり、こうした地味な作業が基本的な力を作ったものと確信しています。

　このようにケトルベルを両手に1つずつ持って歩くこともトレーニングになります。これをファーマー・ウォークと言います。場所が狭い場合は、その場で足踏みするだけでも良いでしょう。

　ケトルベルが1つしかない場合、あるいは重さの異なるケトルベルも使う場合は、バランスを整えるためにも途中で左右を持ち替えてください。

　地味なのでバラエティー種目とは言い難いかもしれませんが、ファーマー・ウォークの量で、力の付き方が大きく異なってきます。是非行いましょう。

ファーマー・ウォーク

ケトルベルを手に提げて歩くことだけでも、地力を鍛える良いトレーニングになる。

2. ケトルベルと身体の柔軟性

ストレッチとジョイント・モビリティは日常的に

　一般に、トレーニングをする前にストレッチやジョイント・モビリティ（関節ほぐし）をすることが当たり前になっています。

　しかし、本当に身体や健康のことを考えるのであれば、トレーニング前だけにしか、ストレッチやジョイント・モビリティを行わないというのは考えどころです。

　では、いつストレッチするのが良いでしょう？　答えは、起きている時間全部です。日常の中にストレッチとジョイント・モビリティを取り入れることが大切です。

　日常的にストレッチやジョイント・モビリティを行うことによって、ケトルベルの動きがスムーズになり、時としてより重いケトルベルが挙がることや、美しいスイングができるようになるのです。

呼吸がポイント

　ただ、漫然とストレッチや関節ほぐしを行うよりも、効果を高めるポイントがあります。それが呼吸です。本書でも後で「クロコダイル・ブリージング（ワニ呼吸）」の解説をしていますが、腹式呼吸を使うことが、ストレッチや関節ほぐしの効果を高めます。

　是非、日常的なストレッチ、関節ほぐしの中でも、呼吸を意識して行ってみてください。

アームバー・シリーズ＆モビリティ

　この後で紹介するアームバー・シリーズ＆モビリティとは、ケトルベルの重さをストレッチに利用する種目です。トレーニングで疲れた日や、トレーニング中の休み等に積極的に取り入れてください。使い方次第で、スポーツ向けトレーニングにも、医療施術にも適用できるものと信じています。

また、先ほども述べたように、動きだけに意識を向けるのではなく、呼吸も忘れずに行い、必ずこれらの運動に生命を吹き込んでください。
　高重量ケトルベルを扱う際には、これらのストレッチが必須になります。
　ケトルベルの世界で「柔らかい」と「強い」は同義語なのです。

ただ柔らかいだけではない、芯のある柔らかさ
　一般的に柔軟性と言うと、深く前屈できることや、開脚が180度できることなどをイメージする方も多いでしょう。しかし、ケトルベル・トレーニングで求める柔軟性とは、そうした柔らかさとは違うものです。
　ここまで紹介してきたケトルベルが求める柔軟性とは、前屈や開脚と無縁ではありませんが、力をより発揮するために関節の可動域を広げることに主旨を置いています。関節の柔軟化は一般に言われるストレッチの根本にある柔らかさといって良いでしょう。
　関節の可動域を広げることは、神経伝達や血流の通りを向上させると言われています。閉塞した関節では開脚や前屈などの柔軟体操の効果が薄いように、硬い関節はパワーの連動を妨げる原因になるのです。
　このようにケトルベルで求める柔軟性とは力を発揮する「芯のある柔らかさ」です。この感覚をつかむためには、関節可動域を広げるアームバー・シリーズ＆モビリティと、スイングなどの基本的な種目を織り交ぜてトレーニングをすることが重要です。
　挙がりにくいケトルベルが数分の柔軟化の後に挙がりやすくなった、スイングのセット間に柔軟化を取り入れたことで動きが良くなったという事例を多く見ます。また、ある武道セミナーにて、アームバーで関節をやわらげた直後に、回し蹴りの強度が30パーセントほど上がったと言われています。
　このように「芯のある柔らかさ」は、閉塞されていた力を開放することができます。

3. クロコダイル・ブリージング

「自分のお好みウォーミングアップをしてください」
　私がケトルベルの個人指導をする時の、最初の指示です。
　クライアントさんは書籍やDVDで見聞きしたであろうストレッチ種目をヨガマットの上で行います。どれも効果がありそうなストレッチですが、ある"何か"が抜けているために、スムーズな動きや本来の効果を発揮できていないように思えました。その"何か"とは、書籍やDVDでは伝わりにくいものです。
　個人指導ではストレッチが終わったところで、
「うつ伏せになって、クロコダイル・ブリージング（ワニ呼吸）をやってみましょう」と声をかけます。
　5分間のワニ呼吸の後、再び先ほどと同じストレッチ種目を行ってもらったところ、抜けていた"何か"が加わって、非常にスムーズかつ効果あるストレッチに早変わりしました。
　では抜けていた"何か"とは？　書籍やDVDで伝えにくい"何か"とは一体なんでしょう？　それが"呼吸"です。
　広く世の中で紹介されているストレッチや関節可動域を広げる運動のほとんどが、それぞれに効果があると考えています。ただし、呼吸と動きがかみ合っていなければ、最大の効果が得られません。
　逆に腹式呼吸を他で習っている方は、次に説明する呼吸方法は参考程度に知っておいてください。
　この本をお読みの方で、「腹式呼吸がよくわからない」、「呼吸が浅いと自覚している」という方は、是非、次に紹介する方法で行ってみてください。

クロコダイル・ブリージング（ワニ呼吸）

1. 床にうつ伏せになります。
2. 背中（みぞおちの裏側）に本など軽い日用品を置きます。
3. できるだけリラックスした状態で息を鼻から吸い、背に乗せた物を押し上げます。
4. 腹をしぼませるように息を吐いてください。

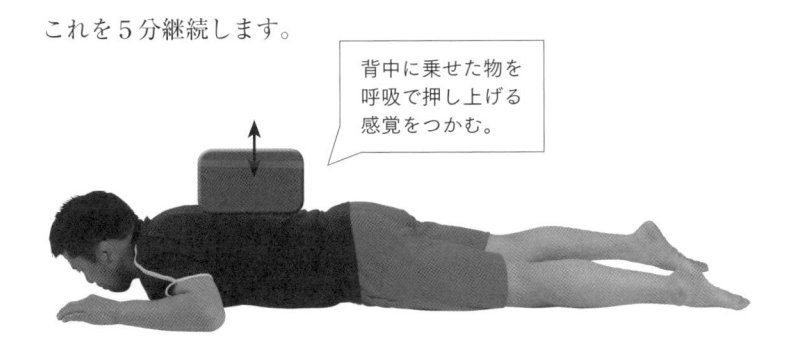

これを5分継続します。

背中に乗せた物を呼吸で押し上げる感覚をつかむ。

この後で紹介するストレッチやモビリティ運動を、腹式呼吸を伴わせながら行ってください。これまで自分で行っていた方法のストレッチでもよいでしょう。「こういう方法もあるのだ」と違いを感じていただけるかと思います。

4. ジョイント・モビリティ

　足の指〜足首〜膝〜腰〜胸椎〜頸椎〜肩〜肘〜手首〜指、というように体全部の関節を自然に動かしてみましょう。
　特に足首と足の指は日常的に、身体全体の体重を支えています。こうした部分をほぐすことで下半身だけでなく上半身の安定と柔軟性を調整できます。
　次に、関節を動かす方法を簡単に紹介しましょう。

足指のほぐし
　座って足指を手でほぐす。

足首関節の旋回
　時計回り・反時計回りに旋回させる。

膝のほぐし
　膝を回す時は立った状態で、左右太腿にそれぞれ両手をついて、膝を時計回り、反時計回りに回します。

股関節の旋回
　膝をまっすぐにしたまま、つま先で時計回り・反時計回りに円を描く。

骨盤の動作
　前後左右に骨盤を動かし、次に骨盤で時計回り・反時計回りに円を描く。

腰のほぐし
　腰は一般に行われる腰を回す動きで良いです。ただし、ゆっくりと回します。1周4秒以上かけてください。

胸椎の動作１
　腹部を固め、胸、首、腕を完全脱力して、横隔膜より上を時計回り・反時計回りに旋回する。

胸椎の動作２
　胸を前後左右、そして時計回り・反時計回りに旋回する。

頸椎の動作
　頭が自然に動く方向へ頭を動かすこと。動かそうとしても筋肉が張る場合は無理をしない。

肩関節のほぐし
　肘を伸ばし、拳を時計回り・反時計回りに旋回させる。

肘のほぐし
　膝は両腕を前に突き出し、両こぶしを上、内（左右こぶしが向きあっている）、前へ移動させます。この繰り返しです。

手首のほぐし
　両手を組んで手首を回す。親指側と小指側に傾ける。

指のほぐし
　両手をグー、パーとゆっくり開閉させる。

5. ストレッチ

　ここではケトルベルに関連する動的なストレッチを紹介します。ケトルベル・トレーニングを行う前はもちろん、日常的に行っても良いでしょう。

パンプ

　四つん這いの状態から、尻を突き上げて肩を伸ばし、そのまま尻を落として左右へ振り向きます。

　これが肩と腸腰筋のストレッチになります。

　特に腸腰筋を伸ばすことが、スイングにほどよい効果をもたらします。

レッグ降下

片膝を両手で胸に引き寄せ、もう一方の脚を伸ばしたままで上下させます。左右数回ずつ交互に行います。

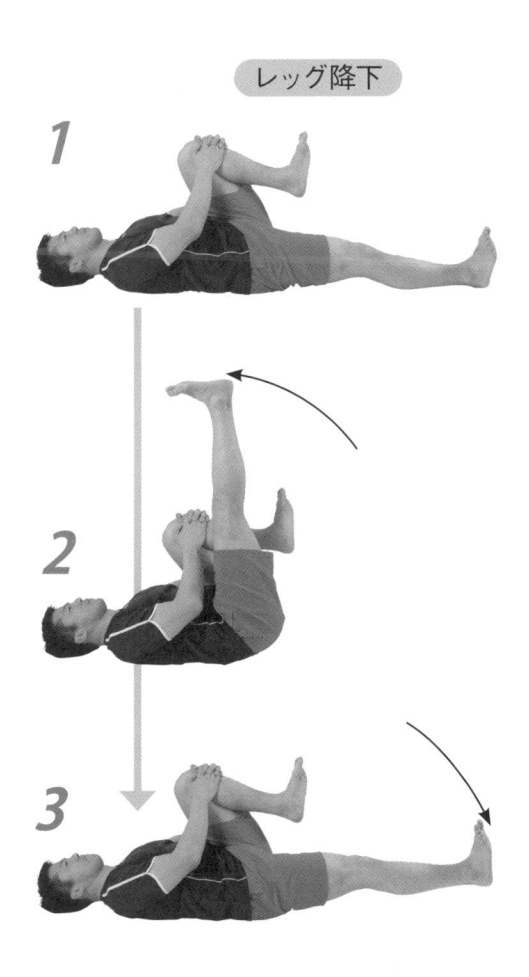

ブレッツェル・ストレッチ

SFGのチーフ・インストラクター、ブレット・ジョーンズのブレットとプレッツェル菓子をかけあわせてブレッツェルの名がついたストレッチです。

仰向けで脚を交差させ、膝と足首をつかみます。

深呼吸で身体を少しずつやわらげていきます。左右30秒以上行うとよいでしょう。

ブレッツェル・ストレッチ

深呼吸をするたびに
身体の力が抜けて、
脱力していくイメージで行う。

6. アームバー・シリーズ&モビリティ

　ここではアームバーと、その派生種目を使って行う、ケトルベルの重さを利用した関節のストレッチ法を紹介します。
　人間の背骨には、頸椎、胸椎、腰椎の区分けがあります。その内の胸椎は、12の椎骨から成り、左右に旋回します。この可動域を広げることが姿勢改善や肩の不調の改善につながります。
　肩のモビリティの改善としては、肩甲骨の可動域を広げたいところですが、ベースとなっている胸椎の可動域が先になります。

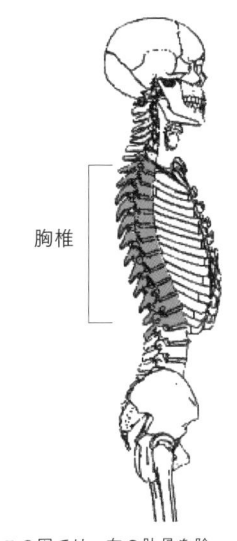

胸椎

この図では、右の肋骨を除いて、胸椎を見やすくしてあります。

胸椎を開く、アームバー

　アームバーは、胸椎を開く究極のケトルベル種目です。猫背等の問題をかかえる人に効果的です。ケトルベルの重さは、男性で8〜12kg、女性で4〜8kgと、軽いもので行います。あまり重いケトルベルを使うと、かえって筋肉が緊張して主旨から外れてしまいます。

　ゲットアップの始めの動きを応用して、仰向けで片手でケトルベルを挙げます。反対側の腕は耳の横に伸ばします。
　ケトルベルを持っている側の足を前から交差させ、腹部を床へつけます。
　ケトルベルはできるだけ最初に挙げた位置に維持して、頭の上ではなく肩の上にあるようにします。ケトルベルを持った手のひらを、自分の顔と同じ方向へ向けてください。

この姿勢をとると、ケトルベルの重さで仰向けに戻されそうになりますが、その分だけ、腹部を床へ近づけるようにしてください。深呼吸も忘れずに行います。

　頭は床に伸ばした腕の上に乗せ、その指先を伸ばします。

　パートナーがいる場合、床に伸ばした腕と同じ側の足を引っ張ってもらうとよりストレッチ感があります。

　目安は呼吸10回ないし1分間を、左右1回ずつ。

　トレーニング前に行うと、ミリタリープレスやスナッチなどが行いやすくなります。

> アームバー

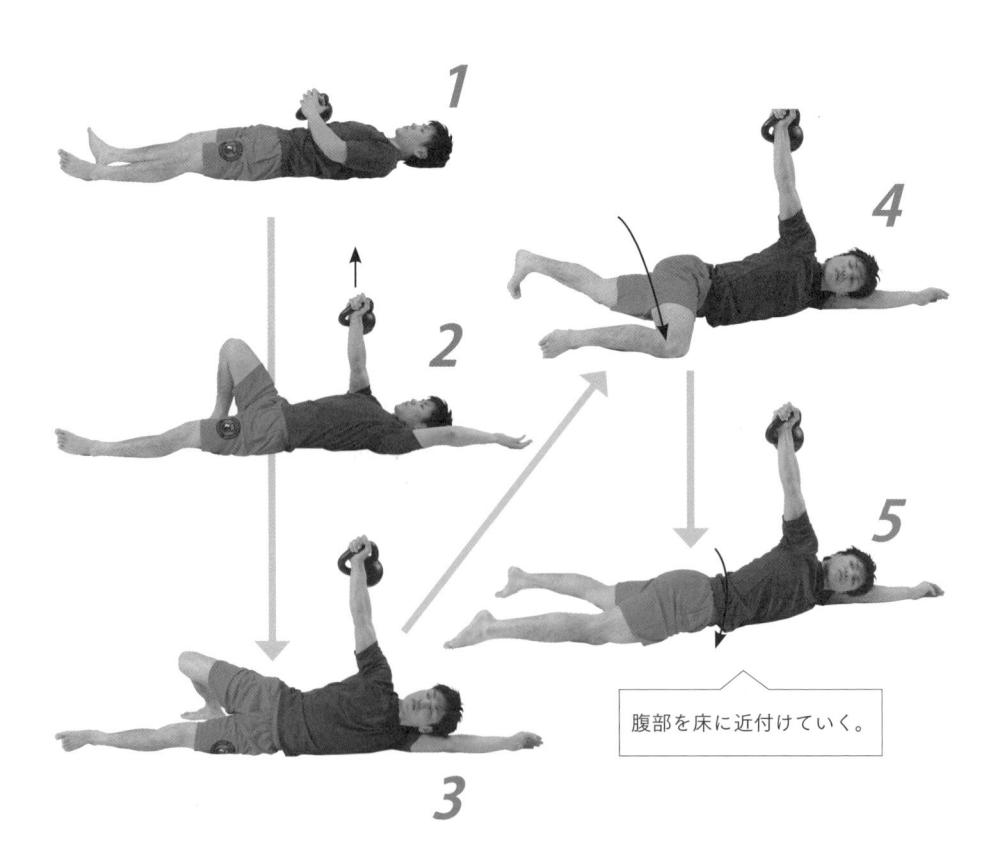

腹部を床に近付けていく。

ベント・アームバー　その1

この動作は挙げる力を鍛えるものではなく、どれだけ下げられるかという柔軟性をみるものです。実施して痛みを感じる場合はすぐに止めてください。

アームバーのポジションから、手のひらが顔と同じ方向を向くようにした状態から始めます。ここから肘を曲げながら、腕を背中の後ろに下ろします。無理なく出来るところまでで良いでしょう。

最も下ろしたところで、ため息を吐くようにして脱力してください。この脱力が関節可動域を広げます。

再び、元の位置まで挙げていきます。

ベント・アームバー　1

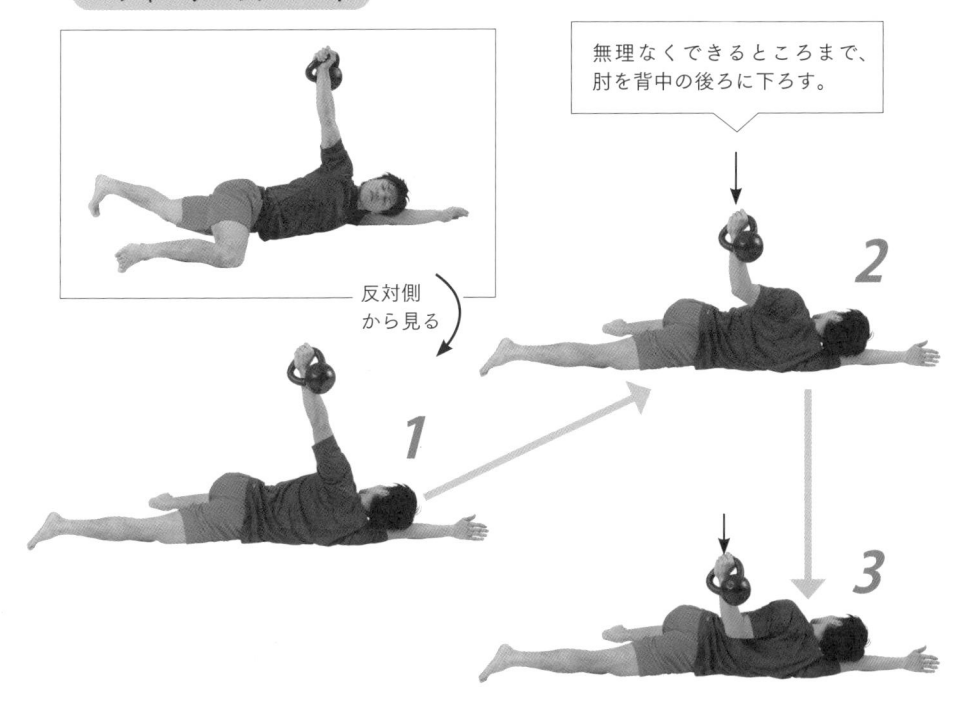

無理なくできるところまで、肘を背中の後ろに下ろす。

反対側から見る

ベント・アームバー　その2

　片手でケトルベルを持ちますが、ケトルベルを持っていない方の手でアームバーを行います。身体をねじった姿勢になるので、そこからさらに体幹をねじるように、ケトルベルを持った手を上に挙げます。3回〜5回行ってください。

ベント・アームバー 2

1

入れ替わりで、ケトルベルを挙げていく。

3

2

空いている方の手を先に挙げておく。

4

ニーリング・ウィンドミル

　ゲットアップの動きの一部を繰り返します。
　片膝立ちでケトルベルを挙げたところから、床に手をつき、再び膝立ちになります。
　この動作は、肩と腰の連動に効果があります。3回〜5回行ってください。

ニーリング・ウィンドミル

ケトルベルを見ながら上体を傾けていく。

ニーリング・ベントプレス

　この動作は、頭上にケトルベルがあるため、慣れないと危険を伴います。ゲットアップが十二分にマスターできた方のみ、ケトルベルを使って行ってください。

　ニーリング・ベントプレスをケトルベルで行う自信がない方は、拳に軽くて落下しても危険のないもの、例えば空のペットボトル、丸めたタオル、スニーカー等を乗せて行っても良いでしょう。原理は同じで安全に行えます。拳に乗せた軽いものを落とさないようにコントロールすることで、重いケトルベルを扱うのと同じくらい難しくなります。

1・2　片膝立ちになり、ケトルベルを持った前腕を床に対して垂直に維持したまま、肘を背中の方へ引きます。

3　空いている方の手を床につけます。ケトルベルとそれを持つ手は元の高さのままです。もしこの時点で肩や腕に痛みが走るようでしたら、1へ戻ってください。1〜3の繰り返しが肩や胸椎の可動域を広げ、いずれ3以降の動きもできるようになるでしょう。

4　ケトルベルを同じ高さで前腕を床に垂直に維持したまま、肘を床につきます。ケトルベルを持った腕がまっすぐになるのに注目してください。

5・6　ケトルベルを頭上に挙げたまま、手で床を押し片膝直立状態になります。1回〜5回行ってください。

ニーリング・ベントプレス

1 **2** **3**

前腕ができるだけ垂直になるように。

4 **5** **6**

2〜5まで、動作中はケトルベルを見続ける。

手を挙げるというよりも、肘を床につけにいくことで、ケトルベルの下に潜り込む。

ロシアン・ツイスト

仰向けに寝た状態でケトルベルを両手で持ち、両膝を胸に引き付けて床へ倒したところから、反対側へケトルベルをゆっくり下ろし、再び戻します。背中のストレッチと胴体の強化に有効です。

> ロシアン・ツイスト

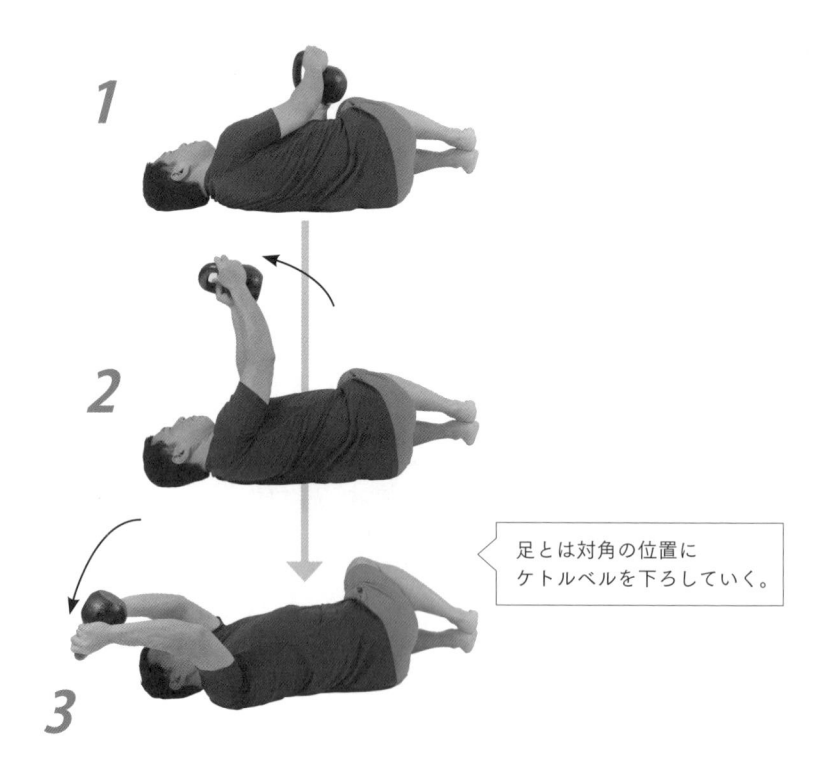

1

2

3

> 足とは対角の位置に
> ケトルベルを下ろしていく。

フロアープレス・エクステンション

　ロシアン・ツイストと似ていますが、膝を胸に引き付けた状態でケトルベルを床へつけ、戻します。
　肩の柔軟化に効果的です。

フロアープレス・エクステンション

1

2

3

ASLR ストレッチ

　ASLR（Active Straight Leg Raise＝直脚挙げ）、つまり真っ直ぐの脚を挙げて下ろす動作だけでも、有効な柔軟運動になります。また腹筋を動員することで脚の動作パターンの左右差を縮めることにもなります。
　仰向けになってケトルベルを握り、片足を3〜5回ずつ上下してください。
　ハムストリングに力を入れて歩く・走るのは、疲れるだけではなく、運動では非常に不利です。このストレッチでケトルベルを握り締めて腹部に力を入れることで、脚の動作を硬直ベースからリラックスベースにパターン化します。

ASLR ストレッチ

ケトルベル・コサック

　左右に移動して、脚の屈伸を行っていきます。
　ケトルベルの重量がバランスを補う働きをするので、より深くしゃがむことができます。

ケトルベル・コサック

HALO

HALO(ヘイロー)とは、天使の輪のことです。ケトルベルのホーンを持ち、天使の輪のように、頭の周りで回します。

アームバーなどで胸椎がほぐれた後、これを行うと肩が柔らかくなります。

Part 4

ケトルベル中級1

- ▶ クリーン
- ▶ ミリタリープレス
- ▶ プッシュプレス
- ▶ スナッチ

1. クリーン

正しいクリーンは様々な種目の土台

クリーンは、ケトルベルを胸元へ格納する動きです。

クリーンからは、これから紹介する、ミリタリープレス、スクワット、ジャークなどの多種多様な種目に展開できるため、クリーンはケトルベルの中心的な位置づけです。

最小限の力で行う正しいクリーンをすることが、ここから展開される種目の正しいフォームにつながります。

無駄な力を使ったり、フォームの崩れたクリーンは、心理的なショックや姿勢の悪化を招き、挙がるものも挙がらなくなることがあります。特にミリタリープレスでは正しく安定したクリーンとラックポジションが必須になります。

クリーンのフォーム

まずはワンアーム・スイングができること

開始ポジションはワンアーム・スイングと同じです。スイングのように後ろへ振って、そのまま尻を引き締めます。

そのままケトルベルを持っている側の腕を伸ばさず、脇を引き締めたままにします。すると上腕と前腕の間にケトルベルがすっぽり収納されます。この胸元に格納された状態を"ラックポジション"と言います。

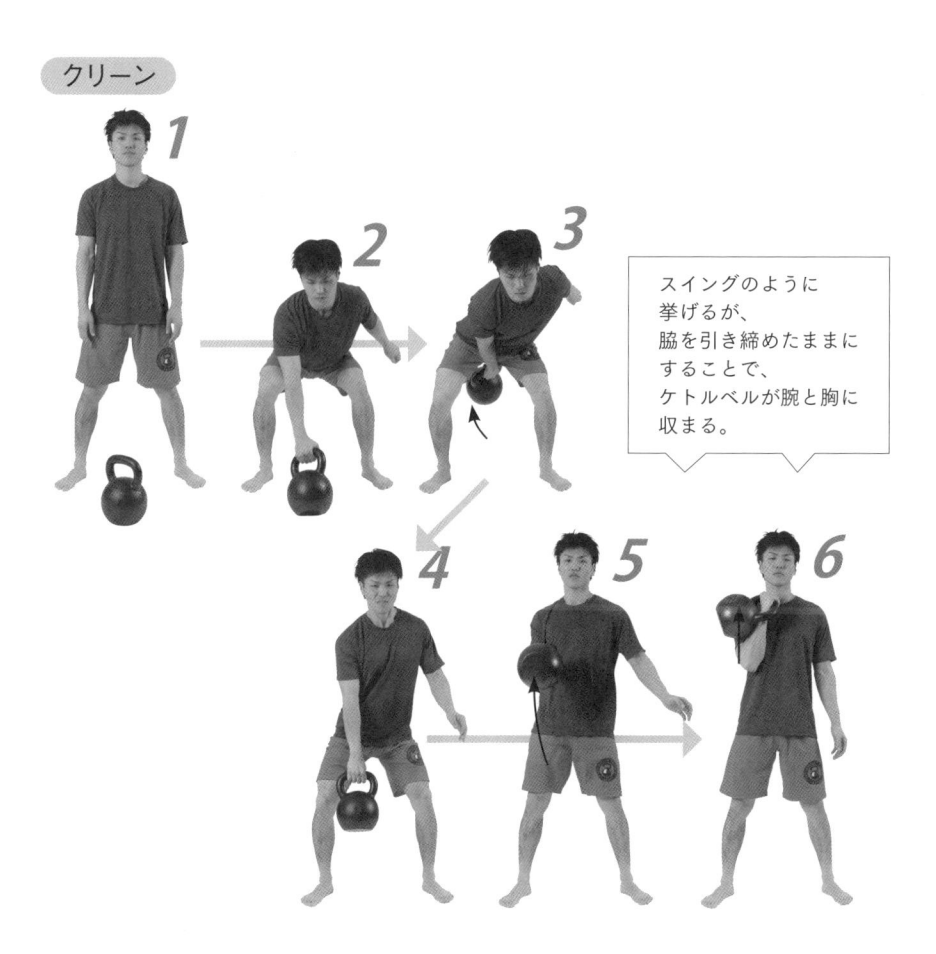

クリーン

スイングのように
挙げるが、
脇を引き締めたままに
することで、
ケトルベルが腕と胸に
収まる。

3'〜6'

Part.4 ケトルベル中級1

クリーンの悪い例

　よくある質問に、
「クリーンで勢いよくケトルベルを腕にぶつけるのですが、どうしたらいいですか？」
というものがあります。
　クリーンの時に肘を挙げると、ケトルベルも高く挙がります。するとケトルベルが高い位置から落下してくる分、腕や胸部に勢いよく当たります。ケトルベルが大きければ、それだけ強い衝撃を受けます。
　例えば、40kgのケトルベルは小柄な女性と同等の重さです。それが勢いよく胸に当たれば、当然姿勢が崩れ、息が乱れます。
　勢いのついたケトルベルが身体に当たると、疲労の原因になりますし、予想以上に心理的なショックを受けます。
　怪我をすることは稀ですが、心理的なショックを引きずり、ケトルベルが挙がらなくなることがよくあります。

　これを解決するポイントは、肘を自分の肋骨に押し付けることです。こうすることでケトルベルの勢いが収まります。
　ケトルベルが大きいほど、正しくきれいなクリーンが必須になります。そしてきれいなクリーン＝きれいなトレーニングです。

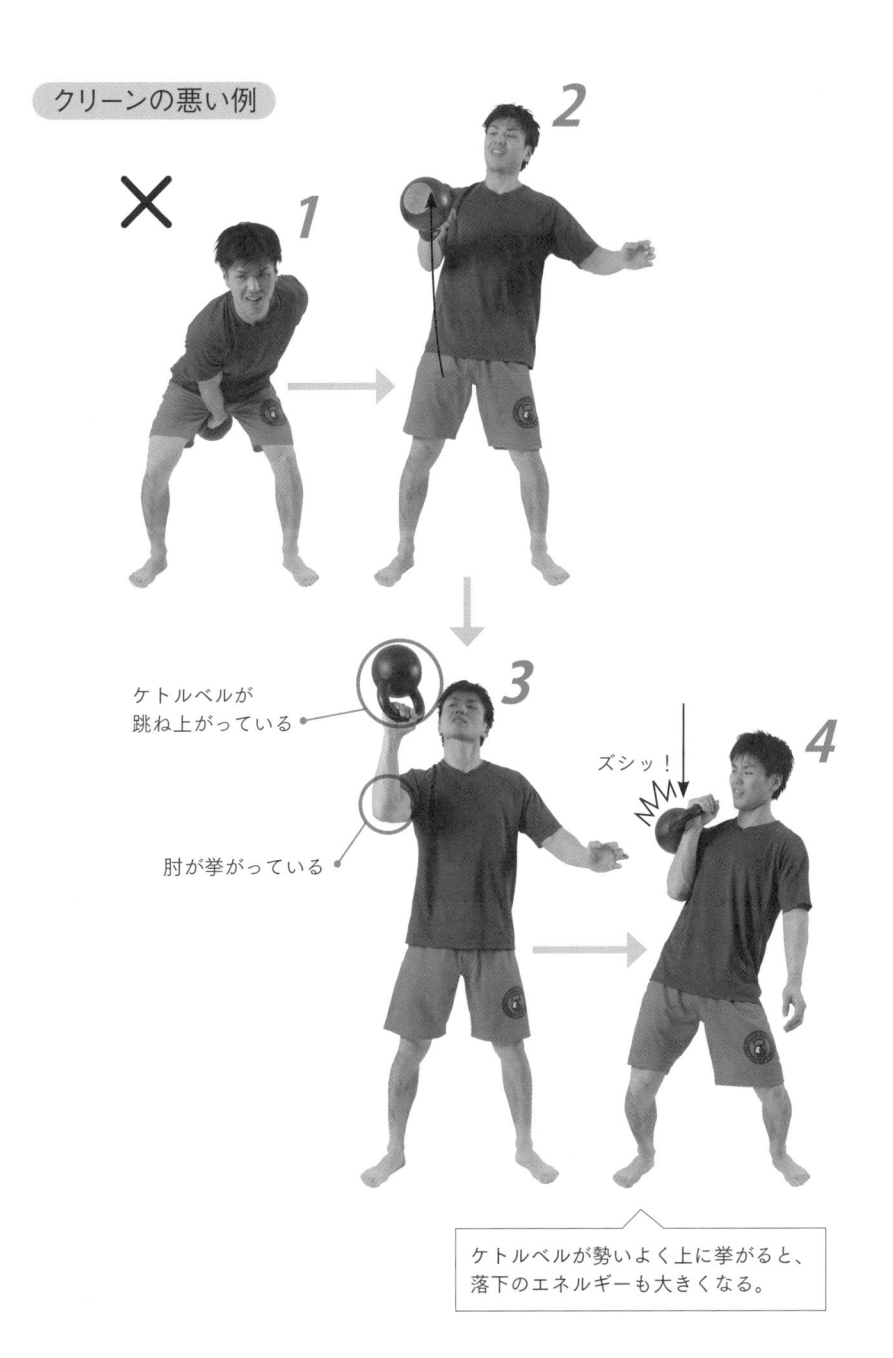

クリーンの悪い例

1

2

3
ケトルベルが跳ね上がっている
肘が挙がっている

4
ズシッ！

ケトルベルが勢いよく上に挙がると、落下のエネルギーも大きくなる。

Part.4　ケトルベル中級1

ラックポジション

　ケトルベルを胸元に収納した状態をラックポジションと言います。
　背筋をまっすぐにした状態で、腕に球体を乗せています。仮に上からケトルベルに圧力がかかっても安定して支えられることがポイントです。
　ここでも腹部に力を入れ、尻を引き締める、つまりスイングでケトルベルを振り挙げた時と同じ姿勢を保つことを忘れないでください。
　前腕は可能な限り床に対して垂直な角度とし、手首はまっすぐ、反らないよう注意してください。
　男性の場合、こぶしは耳の下から顎の下の間です。女性の場合は、胸部をケトルベルで圧迫しないために耳の下、または少し外側にこぶしを置きます。
　ラックポジションのまま、数歩歩いてください。ケトルベルが安定していれば大丈夫です。

怪我しやすいラックポジションの例
　ケトルベルを胴体から離したり、手首を曲げた状態は、肩を痛めやすくなります。

ハンドルの握り方
　ケトルベルのハンドルが手のひらを横切っているか、あるいは袈裟に斜めに置かれているか、どちらの握り方でも構いません。どちらにせよ、手首はまっすぐにしてください。
　重いケトルベルの場合、極力ハンドルが真横になるように握ってください。手首に負担がかかりますが、その負荷が神経を伝って肩や胴体の動力を総動員します。特に上へ挙げるミリタリープレスやジャークなどは、こちらがお勧めです。
　ハンドルを袈裟にかける握り方は、手首の負担が軽減されるので、軽いケトルベルを扱う、または力をさほど必要としない場合はこちらを使ってください。
　スクワットのようにケトルベルを上に挙げない種目や、ケトルベルをストレッチに使う際は、どちらでも構いません。

ラックポジション

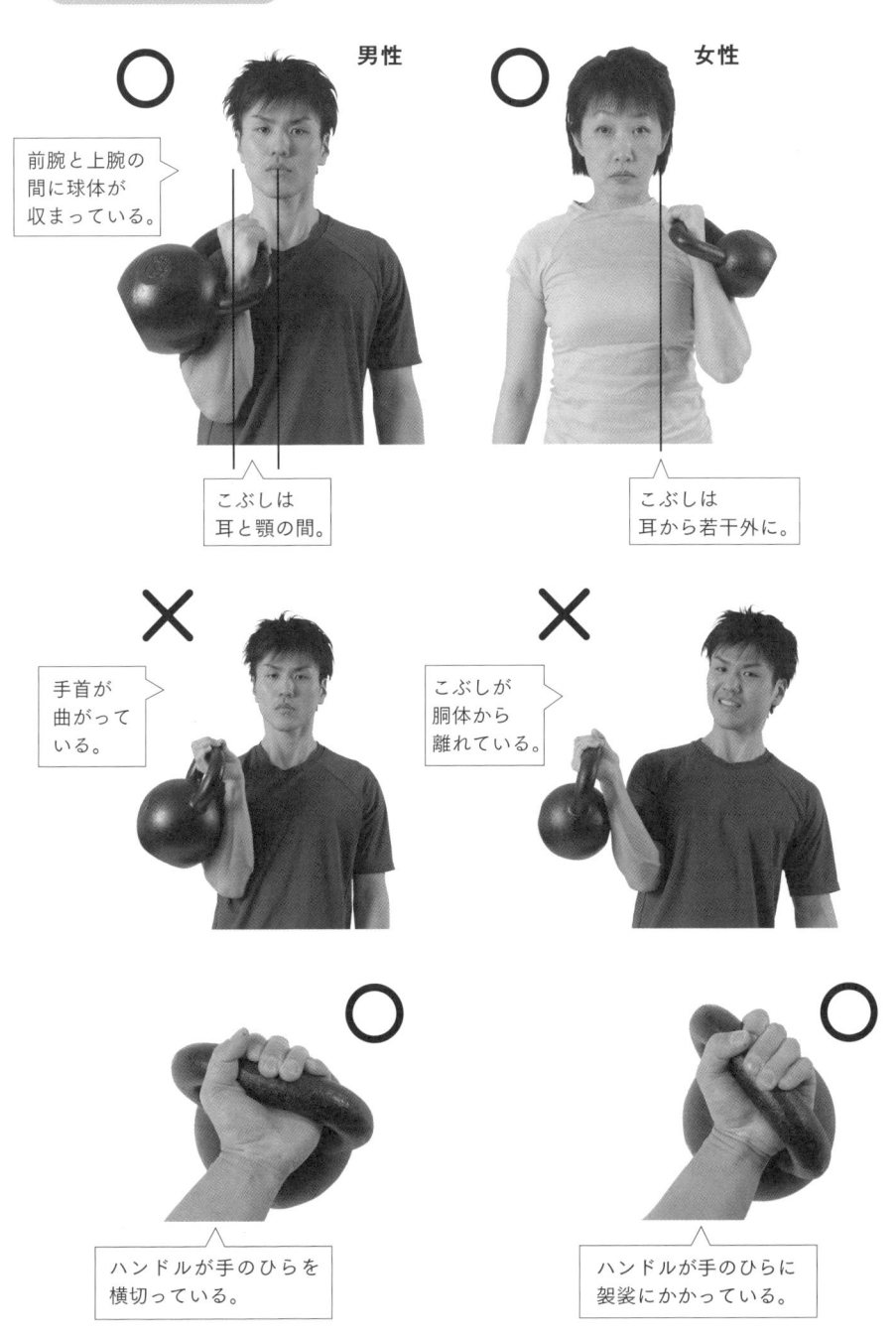

男性 ○
- 前腕と上腕の間に球体が収まっている。
- こぶしは耳と顎の間。

女性 ○
- こぶしは耳から若干外に。

×
- 手首が曲がっている。

×
- こぶしが胴体から離れている。

○ ハンドルが手のひらを横切っている。

○ ハンドルが手のひらに袈裟にかかっている。

ドロップ

　ケトルベルをラックポジションから床へ下ろす動作を「ドロップ」と言います。ドロップの際には腕に力を入れず、ケトルベルを胸からこぼすような要領で落とし、いったん後ろへ振った後に、ゆっくり着地させます。
　この動作の間、背筋を常にまっすぐに維持してください。背中を丸めると腰の痛みが発生することがありますので、注意してください。

悪い例１：腕に力を入れる
　腕に力を入れて下ろすと、疲労ばかりが増して他のことができなくなります。腕の力を抜いてください。ケトルベルと力比べをする必要はありません。

悪い例２：背を丸める
　下を向いてケトルベルを直接床へ置くと、自然に背中が湾曲します。そこまでが完璧でも、置く時に背中を丸めると疲労が蓄積していき、それが祟って腰を痛める原因になります。

腕に力が入っている。

背中が曲がっている。

重いケトルベルは両手でドロップする
　トレーニングで疲労困憊(こんぱい)になった、あるいは32kgや40kgのケトルベルをクリーンしたが、片腕で下ろす自信がない場合、両手でハンドルを握って静かに下ろしてください。
　特に重いケトルベルの場合、片手で下ろすためにはある程度のグリップ力（握る力）が必要なため、片手で下ろしていては負担が大きくなります。
　また、床へケトルベルを不意に落下させる危険を冒さないためにも、無理をすることなく、両手でハンドルを握って下ろしてください。

ドロップ

重いケトルベルのドロップ

Part.4 ケトルベル中級1

練習方法　スイングとクリーン交互に

　ワンアーム・スイングの基本を念頭に置くと、クリーンもできるようになります。
　練習として、ワンアーム・スイングとクリーンを交互に行ってください。ワンアーム・スイングの感触をそのままクリーンに生かすのです。

スイングとクリーンを交互に

1

2

3

4

スイング

振り挙げた時、ワンアーム・スイングでは腕を伸ばし、クリーンでは肘を肋骨に付けたまま、ケトルベルを胸元へ振り挙げます。
　これがスムーズにできるようになってから、今度はクリーンだけを行ってみてください。

流れで見る！　クリーン

1

2 スイングと同様に、いったん後ろへ振ってから、ヒンジ運動で前へ振り出す。

3 脇を締めたまま、ケトルベルを引きつける。

ラックポジション

ドロップ

Part.4　ケトルベル中級1

2. ミリタリープレス

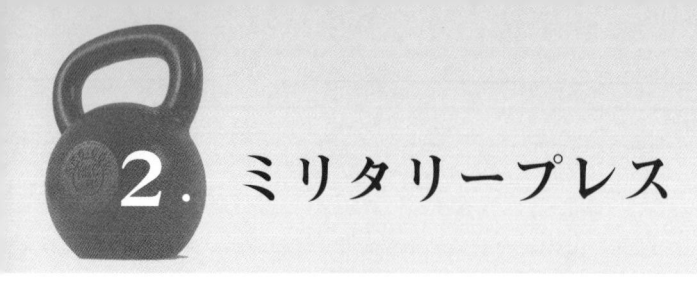

　胸元から無反動で重量を上に挙げる動きを一般にプレス、正式にはミリタリープレスと言います。

　現在オリンピックで行われる重量挙げの種目は、スナッチとジャークですが、かつてはミリタリープレスも種目に含まれていました。プレスは反動を禁じる種目なのですが、反動使用の有無の判定が難しいことが原因でオリンピック種目から外されたと言われています。

　ケトルベルのミリタリープレスは、SFGのインストラクター認定コースのレベル2でテスト項目の1つとなっています。

　「自分の体重の半分のケトルベルをストリクト（無反動で挙げること）できなければエリートとは言えない」

　パベル・ツァツーリンのこの一言で、テスト項目に自体重の50％相当の重さをミリタリープレスすることが追加されました。私はというと44kgのケトルベルが試験基準で、これには相当なトレーニング量を費やしました。

　ケトルベルでミリタリープレスを行うメリットはいくつかあります。
1. 力の左右差を明確にできる。また、左右差を縮める方法として活用できる。
2. バーベルやダンベルと違い、ハンドルを握らずに挙げることができる。握らないことで腕に力がこもらないため、胴体の力が優先して使われる。
3. 重量のバランスが一方へ偏っていることが優位に働く。挙げるにつれて重量が後方へ移動するため、肩への負担があまりない。

ミリタリープレスを行うための基準

　ミリタリープレスは、同じ重さでもバーベルやダンベルより手軽に挙げることができます。ただし、ミリタリープレスを実施するにあたり、以下の基準をクリアしてください。

①スイングでの尻の引き締めができていること。
②クリーンで球体が身体に勢いよく衝突しないで行える。
③男性で最低16kg、女性で最低8〜12kgのケトルベルで、ゲットアップを左右1回ずつ5セットできていること。
④下に紹介しているショルダー・モビリティ（SB）の測定で、肩の柔軟性の左右差が大きくなく、測定差が手の長さ1つを下回ること。
⑤呼吸のテクニックを使うため、高血圧や心臓関連の持病がないこと。
⑥直近で脱臼していないこと、および脱臼癖がないこと。

ショルダー・モビリティ（SB）の測定

　両手でこぶしを作り（親指を手の中に握り込みます）、一方を肩の上から、もう一方を下から背中へ回して、この時のこぶしの間の距離を測定します。左右を換えて測定して、手の長さ（中指の先から手首までの長さ）の1.5倍以上離れていた場合、ミリタリープレスを行わないでください。なお、ショルダー・モビリティは、アームバー・シリーズを行うことで改善可能です。

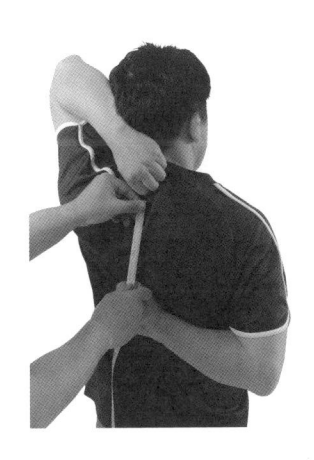

プレスの難しさ

　バーベルは重量を増やしても基本的に形は同じです。ですから、2.5kgないし5kg刻みで重さが変わっても、基本的に挙げるフォームは変わりません。

　ケトルベルの場合、球体の大きさが24kgと32kgとでは異なるため、重量が変化すれば重心も変化して、フォームの改善が必要になります。

　例えば、クリーンした時にケトルベルを前腕と胸の間に挟むのですが、重量によってその大きさが違うと挙げ方も微妙に変わってきます。

　これがプレスの醍醐味、面白さでもあり、難しさでもあります。

　まずは補助種目として、スイングとゲットアップを十分に行ってください。挙げたいケトルベルの重量でゲットアップができなければ、ミリタリープレスも挙がりません。何ヶ月かに1回程度で高重量のゲットアップを取り入れてみましょう。

ミリタリープレスのフォーム

まずはクリーンを完璧に仕上げる

前腕(肘から先)と手首は一直線、特に前腕は床に対して垂直に維持します。

尻を引き締め、鼻から息をすすって腹圧を高めます。吸った息を逃がさないように舌を前歯の裏に押し付けてください。

ケトルベルを持つ腕の肘を可能な限り下げます。クリーンの状態で1秒間静止しましょう。

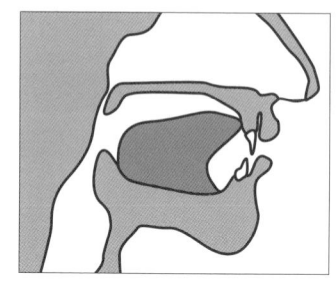

舌を前歯の裏に押し当てるのがポイントです

ミリタリープレス1:クリーン

頭上へ挙げる

　息を逃さないことで作った腹圧をベースに、まず肩を下げ、肘を上へ挙げてください。肩を下げるのは難しいかもしれませんが、反動を使わず、肩を下へ引きつつ同時に肘を上へ挙げます。肩を下げる動きで肘を挙げる、肩と肘がシーソーしているイメージです。

　肘がまっすぐになる直前に、胸と顔を前へ突き出してください。

　頭上では、肘も手首もまっすぐな状態（これを"オーバーヘッド・ロックアウト"と言います）になります。

　挙げている最中は息を閉じ込めると意識が遠のく危険性がありますので、小出しに歯の間から鋭く息を吐いてください。「ツー!!!」「スー!!!」という鋭い音が立ちます。この呼吸の方法を「パワー呼吸（あるいはパワー・ブリージング）」と呼びます。

　重いケトルベルを挙げるときなど、息を止める方がよい場合がありますが、意識を失う危険のある上級者テクニックです。止めた息で作った腹圧を骨盤へ押し付けるテクニックは、ある程度の経験が必要です。まず小出しに吐き出す方法を身に付けてください。

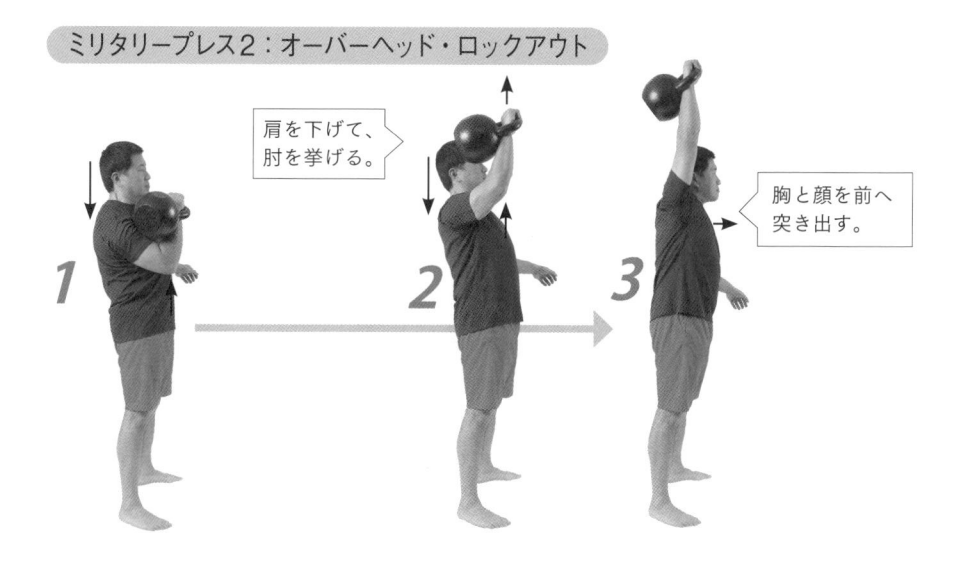

ミリタリープレス2：オーバーヘッド・ロックアウト

1　2（肩を下げて、肘を挙げる。）　3（胸と顔を前へ突き出す。）

ラックポジションに戻す

　ケトルベルを下ろす時は、引きずり下ろすような意識でゆっくり下ろし、ラックポジションに戻してください。

　ラックポジションからケトルベルを下ろす方法は、クリーンと同じです。

頭上からラックポジションに戻す

ゆっくり下ろす。

挙げた時と下ろした時の軌道が、できるだけ一緒になることが望ましいです。不思議なもので、重量を挙げる動きと、下ろす動きは、軌道がほぼ同じなのです。長い目で見ると、下ろす時の感覚を覚えると挙げやすくなります。

連続で行う時に、2回目が挙がるか否かは、1回目を下ろす感覚でわかってきます。ゆっくり下ろすことができれば、同じ軌道と力加減で挙げることができます。逆に落ちるように勢いよくラックポジションへ下りてきた場合、どこかの時点で、使われているべき筋肉が作用していないことがあります。

挙げたところからラックポジションまで下ろす際は、肩関節や肩甲骨をできるだけ後ろへ引いたままにしてください。

ケトルベルを下ろした時の筋肉作用は、挙げた時の作用とほぼ同じです。広背筋、三角筋、上腕二頭筋、上腕三頭筋などが、挙げる時にも下ろす時にも使われているかが重要です。特に重いケトルベルを挙げるのであればこの点を見落としてはなりません。

回数とセット数

ミリタリープレスは無反動で挙げる動き（グラインダー）であるため、体力の消耗が激しいものです。1セットあたりに行う回数を最大5回とし、左右均等に行ってください。例えば、3回×3セット、5回×5セットというように左右それぞれ行うと良いでしょう。

ミリタリープレスのチェックポイント
- クリーンした後のラックポジションで肘を下ろす。
- クリーンで1秒静止する。
- 膝はいかなる時も曲げることを認めない。膝を使った反動を使わない。
- 挙げ切った時に肘をまっすぐに、腕が耳の横から後ろに位置する。

挙がらない⁉ 間違ったミリタリープレス

軽い重量であれば、さほどフォームを気にしなくても挙がるようになります。問題は重いケトルベルになった時です。軽いケトルベルでのフォームが悪ければ、重いケトルベルに変えた時に確実に挙がらなくなります。

間違い1：肩でケトルベルを挙げようとしている

これまで24kgを挙げていた人が、焦って32kgに挑戦しようとすると、肩を挙げる姿をよく見ます。これではケトルベルは挙がりません。

浮いた肩は弱い肩です。逆に肩を沈ませる"肩のパック"がここでは必須です。

肩が浮くと肘が沈み、肩が沈むと肘が挙がります。肩と肘はシーソーの関係なのです。肘が挙がればケトルベルも挙がります。肩とケトルベルが一緒に挙がることはありません。

肩で挙げようとせず、肩を下へ押し付けてください。

✕ 肩を挙げても、ケトルベルは挙がらない。

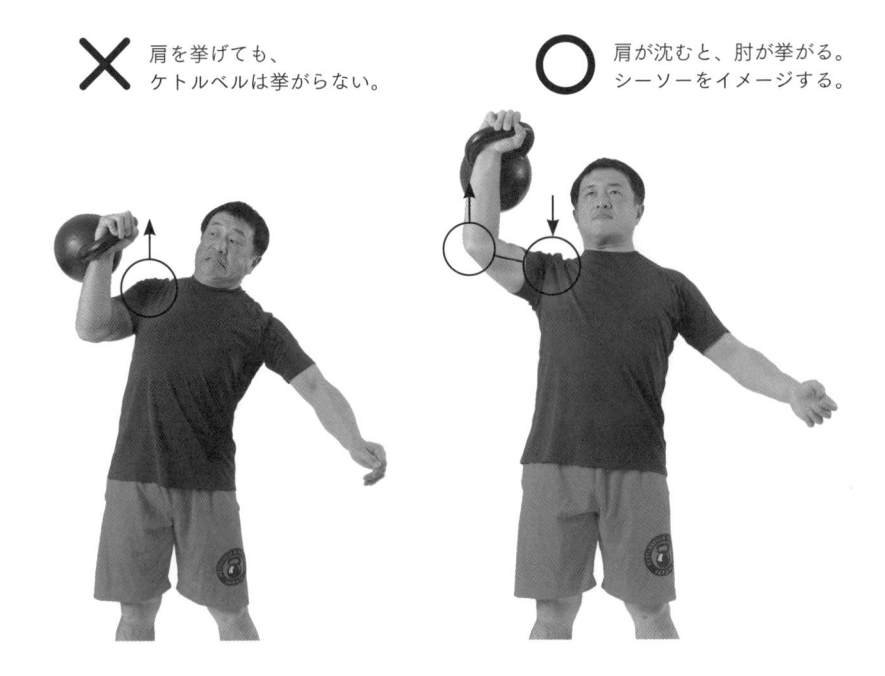

◯ 肩が沈むと、肘が挙がる。シーソーをイメージする。

間違い2　胴体を伸ばして挙げようとしている

　重いケトルベルになると、胴体の側面を伸ばしてミリタリープレスを試みる人をよく見かけます。軽いものであれば、それでも挙がりますが、これが習慣になると重いケトルベルのミリタリープレスはまず挙がりません。

　背中の筋肉を収縮しなければケトルベルは挙がりません。スイングのコツでもある尻の引き締めで広背筋を動員します。広背筋を縮めたところにミリタリープレスのスタートがあります。

胴体側面を伸ばしても、ケトルベルは挙がらない。

ミリタリープレスのコツ

　男性であれば「24〜32kgを挙げられるようになりたい」、女性は「12〜16kgを挙げられるようになりたい」と、トレーニングを続けるにつれ、より重いケトルベルを挙げられるようになりたいと思うのは当然のことでしょう。
　重いケトルベルを挙げるテクニックは様々です。呼吸やグリップ、あるいはケトルベルを持っていないもう一方の腕を活用する方法など、筋肉を増やすことなく利用できるテクニックやコツがあります。

コツ1　筋肉のテンションと腹圧
　クリーンした時に、つま先〜尻〜みぞおちの下まで、思い切り力を入れてください。その一方で、胸、肩、腕、首、顔、手は極力リラックスさせます。リラックスした柔らかい部分は、ケトルベルを挙げるにつれて次第に硬くなっていきますが、この柔らかい部分が残っているほど、重量も挙がりやすくなります。言い換えれば、柔らかい筋肉は「挙げるための資源」だと言えます。
　尻を思い切り引き締め、骨盤が肘の下に必ず来るまで引き締めてください。同時に膝をまっすぐに伸ばします。
　「広背筋も引き締めろ‼」と連呼したいところですが、これにはスキルと経験を要します。まずは尻の引き締めをマスターしてください。

　ミリタリープレスは、何年やっても成果が出ないこともあれば、一気に成果が出ることもあります。
　一気に成果が出る時には、概ね呼吸による腹圧の使い方が身体でわかってきたことが関係しています。
　腹圧を高める方法としては、鼻から息をすするようにして、肺の下部を膨らませて腹圧を作り、その腹圧で肛門へ向けて圧力をかけてください。これでミリタリープレスのベースが出来上がります。
　ここから前述したとおり、ケトルベルを挙げていきます。
　息を鼻から吸い、息を止めて腹圧を確立することは、体幹の強化だけでなく神経を活性化することにもつながります。

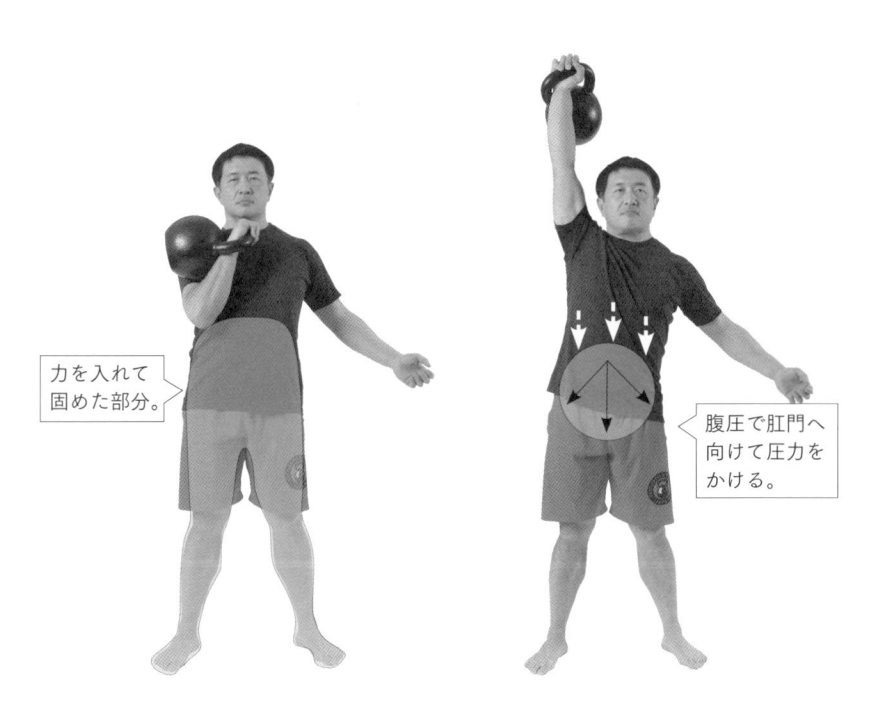

力を入れて
固めた部分。

腹圧で肛門へ
向けて圧力を
かける。

肩を
下げる

胸の突き出し

尻の
引き締め

肘の下に骨盤

挙げる動作に移行する前に
左のようなポイントを押さえ
た万全な状態を作ることが、
重要なテクニックである。

Part.4　ケトルベル中級1

コツ2　グリップとシーソー

　ケトルベルを持っていない、反対側の手を活用することも力の発揮につながります。

　右手と左手は、互いに真似をする習性があると言われています。

　警察や軍隊で射撃練習が行われる際、拳銃を持つ手の反対の手を握り締めることを禁止しているそうです。例えば右手で拳銃を持っているなら、空いた左手は開いていなければなりません。なぜなら左手を握り締めてしまうと、その動きを右手が真似して引き金を絞ってしまう危険があるからです。

　右手と左手が同じ動きをしようとするという、この原理をケトルベルに活かしてみましょう。

グリップを強化する

　ケトルベルを挙げると同時に、反対側の手を思い切り握り締めます。これでぎりぎり挙がらなかった重量が成功することがあります。

シーソーで挙げる

　ケトルベルを持つ手とは反対側の手を先に挙げておき、ケトルベルを挙げると同時にゆっくり下します。身体の構造上、ケトルベルが挙げやすくなります。

グリップ

1　2　3

反対の手を握り締める。

シーソー

1　2　3

反対の手を下げる。

Part.4　ケトルベル中級1

ミリタリープレスのトレーニング方法

ラダー

クリーン&プレス、つまりクリーンからプレスした後に、下に下げてから再びクリーンしてプレスする、という方法が上達の王道です。

このクリーン&プレスを、ラダーに従って行っていきます。

ラダーとは、左右の動作を、回数を増やしながら行っていくトレーニング方法です。プログラムとしては、1週間ごとに最大回数を増やしていくようにします。ただし、一度に行う回数は5回を上限とするので、ラダーは以下のようになります。もちろん人によって練習のペースや配分があります。ゆっくりしたペースで、無理のない重量と回数で行います。

第1週　1〜3回のラダー×3セット
　Ⅰ（1、2、3）　Ⅱ（1、2、3）　Ⅲ（1、2、3）

第2週　1〜3回のラダー×4セット
　Ⅰ（1、2、3）　Ⅱ（1、2、3）　Ⅲ（1、2、3）　Ⅳ（1、2、3）

第3週　1〜3回のラダー×5セット
　Ⅰ（1、2、3）　Ⅱ（1、2、3）　Ⅲ（1、2、3）
　Ⅳ（1、2、3）　Ⅴ（1、2、3）

第4週　1〜4回のラダー×5セット
　Ⅰ（1、2、3、4）　Ⅱ（1、2、3、4）　Ⅲ（1、2、3、4）
　Ⅳ（1、2、3、4）　Ⅴ（1、2、3、4）

第5週　1〜5回のラダー×5セット
　Ⅰ（1、2、3、4、5）　Ⅱ（1、2、3、4、5）
　Ⅲ（1、2、3、4、5）　Ⅳ（1、2、3、4、5）
　Ⅴ（1、2、3、4、5）

第5週を終えたところで、24kgのケトルベルで1～5回のラダー×5セットができるようになったとします。

　次の段階として、32kgで同じように挙がるようになるかと言えば、必ずしもそうではありません。挙がる人もいれば挙がらない人もいます。

　32kgに進めなかった場合、第6週目は1～5回のラダーを6セットに増やしてみてください。それでもできなかったら第7週目に7セット、第8週に8セット、というように増やしていきます。

　ただ、重いケトルベルほどラダーを1～5まで継続するのは難しいものです。その際は次のような回数でラダーを組んでください。

（2、3、5）×3～5セット
（1、2）×3～5セット

ラダー中の重量の変化も有効

　ラダーとは本来トレーニングが身体に与える刺激を単調にしないための工夫の一つなのですが、これと同様に、セットごとにケトルベルの重量に変化をつけることもトレーニング効果を促進します。

　3種類のケトルベルを使い、セットごとに軽・中・重のケトルベルで同じ回数のミリタリープレスを行ってみましょう。

例：（16kg×5回、20kg×5回、24kg×5回）を3～5セット　など

流れで見る！ ミリタリープレス

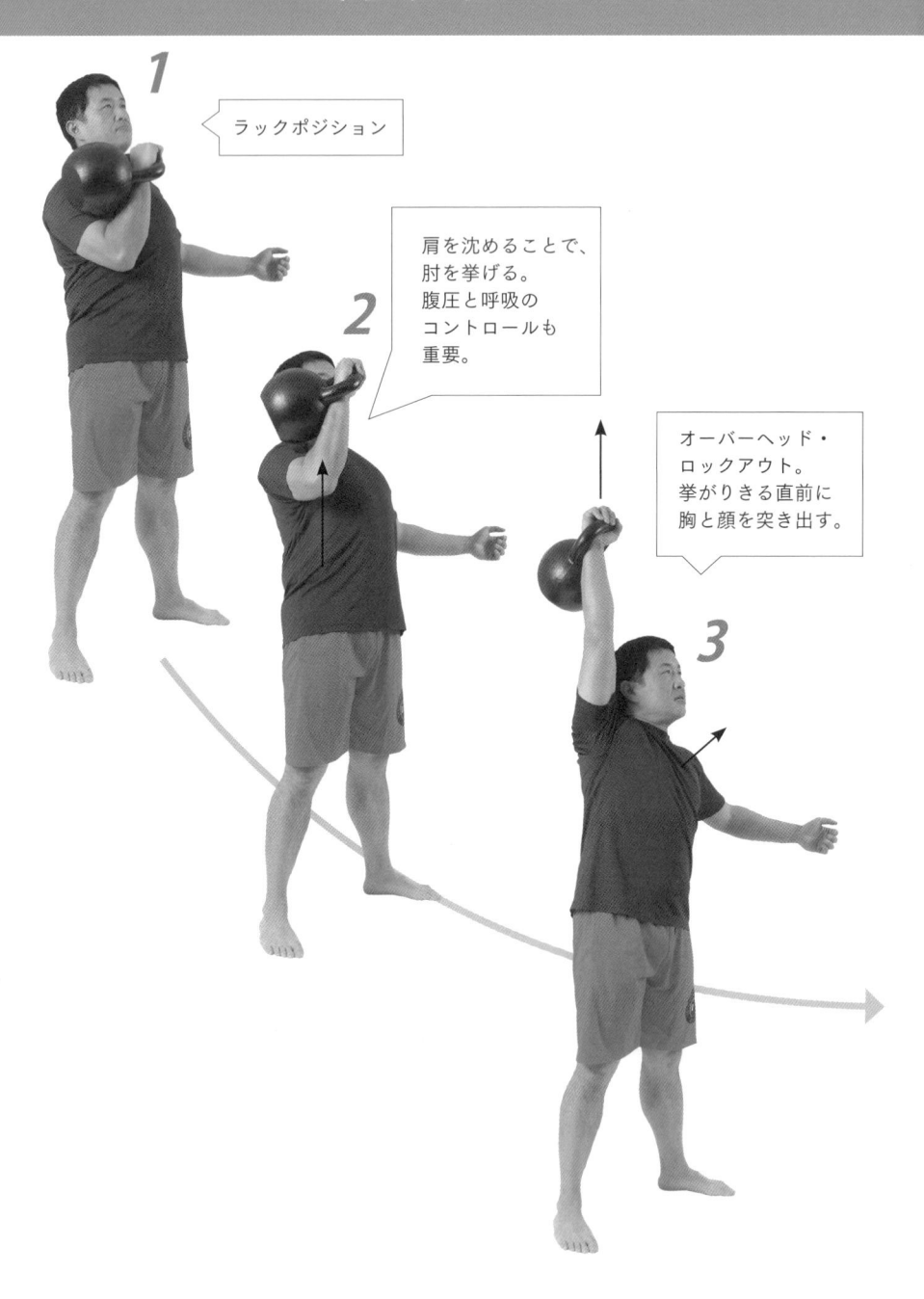

1 ラックポジション

2 肩を沈めることで、肘を挙げる。腹圧と呼吸のコントロールも重要。

3 オーバーヘッド・ロックアウト。挙がりきる直前に胸と顔を突き出す。

4 力のバランスと呼吸に意識を向けながら、ゆっくりと下ろす。

5 ラックポジションに戻る。

3. プッシュプレス

　ケトルベルを脚と胴体の屈伸の反動を使って頭上に挙げる動作を、プッシュプレスと言います。

　身体の反動を使わないミリタリープレスでは挙げられない重量でも、プッシュプレスなら挙げられることもあります。女性で16kg、男性で32kgのケトルベルは、骨格や力と比較しても重く、これを何回も無反動のミリタリープレスで挙げることができません。しかし、反動をつけて行うプッシュプレスであれば、立て続けに5～10回挙げることができます。

　胴体の瞬発力と、頭上に挙げて静止した状態が肩の強化に効果があります。

プッシュプレスのフォーム

　プッシュプレスは、ケトルベルをクリーンした後、ラックポジションの姿勢のままわずかに腰を落とし、立ち上がる勢いを使ってケトルベルを挙げます。

　ケトルベルが頭上に挙がった時、伸ばした腕が耳の横にくるようにして、重量を支えてください。

　そして、下ろす時は膝を曲げて衝撃を吸収します。

プッシュプレス

脚と胴体の瞬発力で、
ケトルベルを頭上に挙げる。

1 *2* *3* *4*

5 *6* *7*

下ろす時も、
膝で衝撃を吸収する。

ミリタリープレスとプッシュプレスの比較

ミリタリープレスとプッシュプレスは似て非なる種目

　プッシュプレスは、ミリタリープレスに反動をつけた種目だと考えられがちですが、使う筋肉や身体の動きは全く違います。

　プッシュプレスとミリタリープレスの力の流れを図にして比較すると、矢印の数と方向が異なるのが分かると思います（P.205 参照）。

　ミリタリープレスの下地を磨くことを目的としてプッシュプレスを行うことは、あまりお勧めしません。例えば、挙がらないミリタリープレスをプッシュプレスで補うという考え方は成立せず、どちらにも効果をもたらしません。

　このように似て非なる2つのプレスを同じ日に行わないことが大切です。

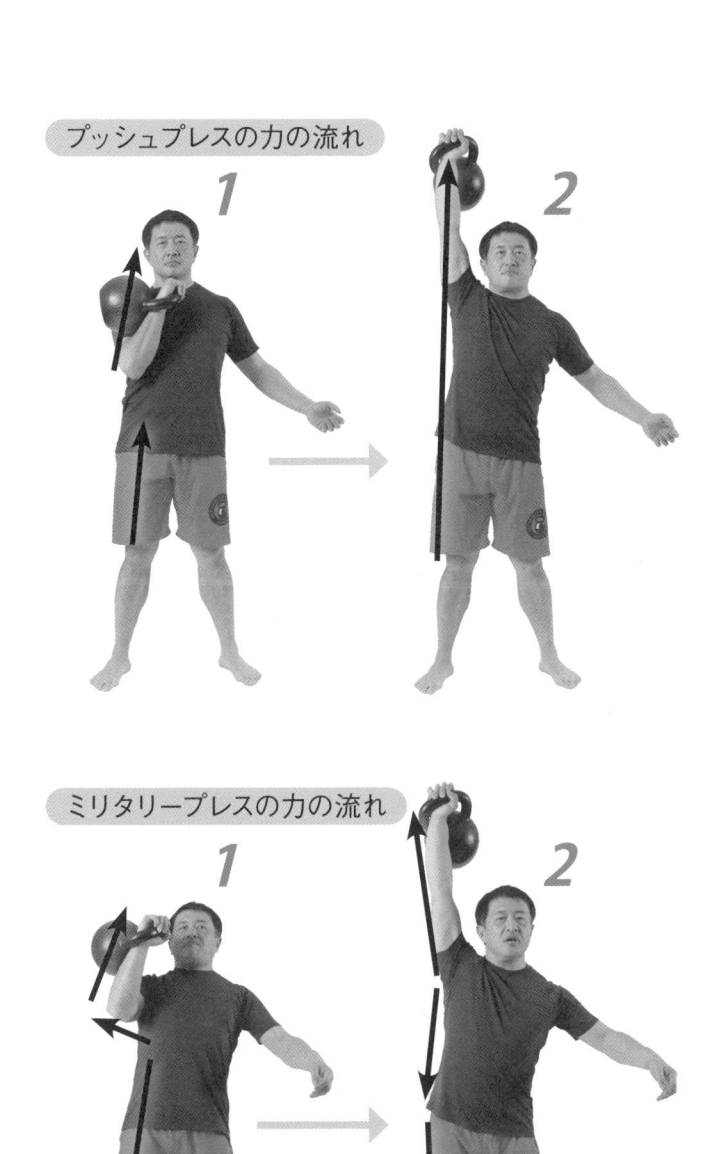

プッシュプレスの力の流れ

1　　　*2*

ミリタリープレスの力の流れ

1　　　*2*

Part.4　ケトルベル中級1

流れで見る！ プッシュプレス

1

2

3

脚と胴体の瞬発力で、
ケトルベルを頭上に挙げる。

4

反動を付けて挙げるとは言え、
オーバーヘッド・ロックアウトでの
姿勢は、どんな挙げ方をしても共通。
気を抜かずに注意点をよく守ること。

5

6

7

下ろす時も、
膝で衝撃を吸収する。

Part.4　ケトルベル中級1

4. スナッチ

　2008年に参加したインストラクター認定コースでは、オリンピック選手にケトルベルを指導したインストラクターが、スナッチの心肺機能向上のトレーニングを数十人の受講生に教えていました。
　その上級インストラクターから与えられた指示は、次の通りでした。
「左右15秒ずつ連続でスナッチを行う。1分休んで再び15秒ずつ。これを4回繰り返したところがウォームアップだ。」
「その後は左右30秒ずつ。これも4回繰り返す。できるだけ素早く振れ！ただし必ずオーバーヘッド・ロックアウトしろ。」
　この時、私は20kgのケトルベルでこのプログラムを実践しました。その感想と言えば……、自分の心臓がどこにあるかよくわかりました。おそらく心臓疾患とはこういうものではないかと想像できる、それほど激しいトレーニングでした。もちろん皆さんは自分のペースで行ってください。

スナッチ＝「持久力トレーニングの王道」

　スナッチとは、一動作でケトルベルを下から上へ振り挙げる種目です。これを連続して何度も行うことで、身体全体の50パーセント以上の筋肉を動員して鍛えると言われています。
　スナッチを一言で表すならば、「持久力トレーニングの王道」です。これに尽きます。全身の動力を使い、16kgや24kgのケトルベルで1回2秒のスナッチを10回、20回、30回と繰り返していけば、連動に使われる筋肉が強化されます。
　また、それだけの酸素を使うので心肺機能も向上します。
　ヨーロッパのある大学の研究によると、24kgのケトルベル・スナッチが身体にかける負荷は1回あたり100〜120kgだそうです。
　スナッチにより、筋力、心肺機能、柔軟性を促進して持久力の向上が期待できます。

スナッチを行う条件

スナッチを行うには次の条件を満たしてください。
- ワンアーム・スイングができている。
- 肩のパックができている。
- ゲットアップが左右それぞれ1回ずつ5セットできている。

使う重量

男性は12～24kgがよいでしょう。身体が大きい男性なら28kgを使います。32kgを使う場合はまず24kgでテクニックを磨いてください。

女性は8～12kgを用い、16kgは十分慣れてから使いましょう。

36kg以上のスナッチは、持久力やパワー向上の効果が次第に薄れていきます。そうした目的であれば、ダブル・スイングやミリタリープレスなどを行った方が効果があります。重いスナッチはお楽しみ種目として行ってください。

回数、セット数

1セットあたり5回から試し、7回、10回と増やしていってください。慣れたら15～20回を目安に行ってください。

20回を超える回数を続けて行う場合には、別なテクニックを要するようになります。

また、持久力や瞬発力を鍛えることを目的にしているならば、特に連続して21回以上行う必要はありません。

スナッチ

スナッチのフォーム

1．ケトルベルを後ろへ振る
　ワンアーム・スイングと同じように、内股に前腕を打ちつけるように、ケトルベルを後方に振ります。

2．ケトルベルを頭上まで振り挙げる
　ワンアーム・スイングよりも尻を強く締めて、頭上までケトルベルを勢いよく振り挙げます。ワンアーム・スイングのように前方に振り出すというよりも、勢いよく挙手するイメージです。
　頭上に挙げるには、挙がる途中でわずかに肘を曲げて、ハンドルを引きつけることになりますが、このタイミングをつかむことが重要です。

3．オーバーヘッド・ロックアウトする
　ケトルベルが頭上に来たところで、腕を伸ばしたままで重量を支えます。胸と顔を前に出し、伸ばした腕が耳の横にくるようにします。

4．同じ軌道で下ろす
　わずかに重心を後ろに下げながら、腕を前に倒して、ケトルベルを下ろします。ケトルベルが下りる軌道は、挙がる時の軌道とほぼ同じになります。
　ワンアーム・スイングの応用で、落下する重量をコントロールして、ケトルベルを下ろします。

スナッチ

1 **2** **3**
4 **5** **6** **7**

挙げた時と同じ軌道で下ろす。

勢いよく挙手するつもりでケトルベルを頭上に挙げる。

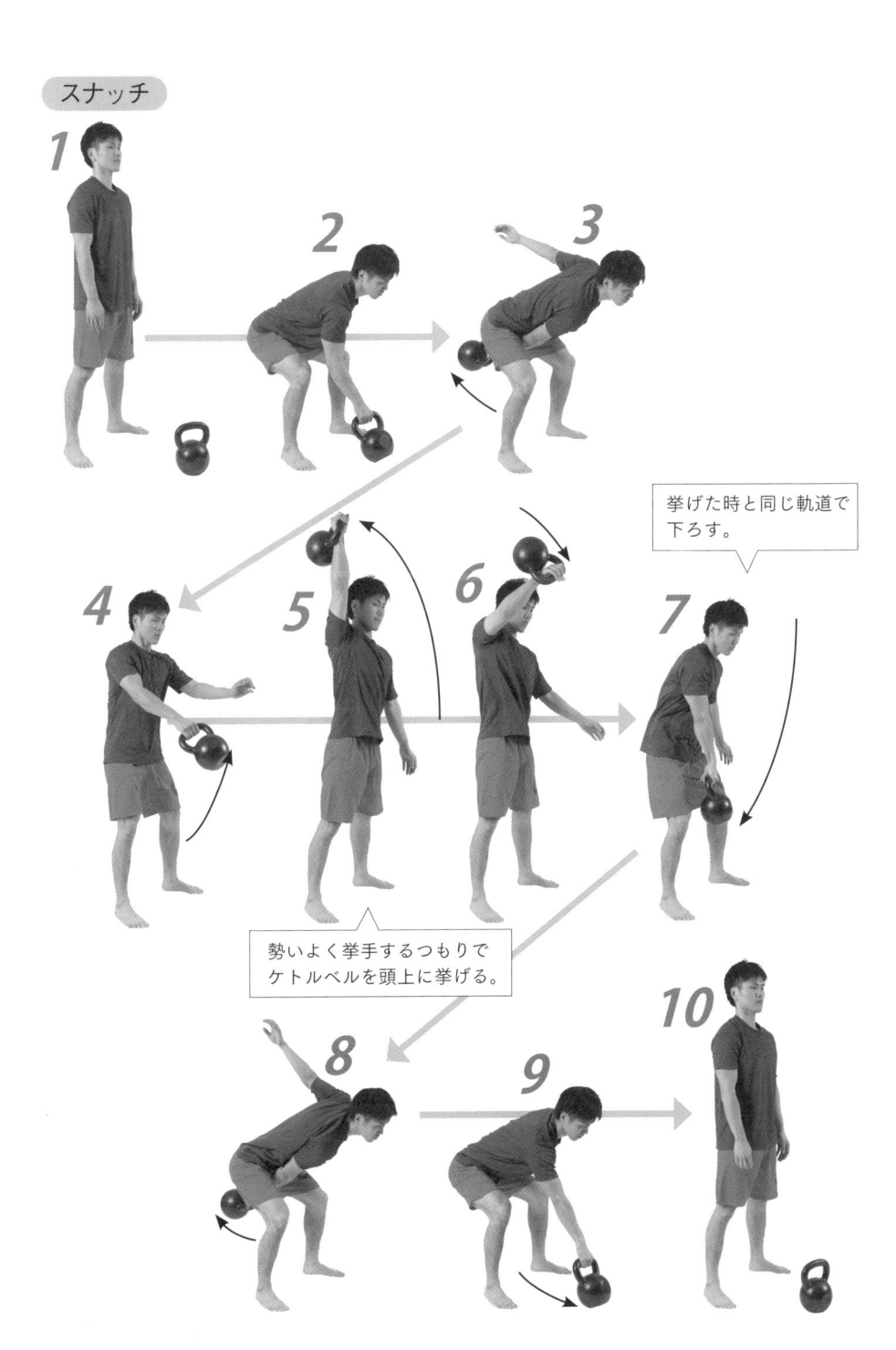

8 **9** **10**

Part.4　ケトルベル中級1

振り下ろす動作からスナッチを練習する

　頭上から振り下ろす感覚を覚えると、高く振り挙げる感覚が身につきます。

１．ミリタリープレス等で頭上までケトルベルを挙げた状態を作る

２．そこから振り下ろしてケトルベルを内股へ通す

　振り下ろす時のポイントは、顔を真下に向けないこと。ケトルベルの勢いに顔と胸が引っ張られないイメージで、腕とケトルベルだけを振り下ろしてください。胸を前へ突き出していれば、まず間違いなくこれができます。

３．そこから尻を引き締めてケトルベルを振り挙げ、スイングよりも高く挙げる感覚をつかむ

　腕の力を抜いて、できるだけヒンジ運動と尻を引き締める力だけを使って、どこまでケトルベルが挙がるかを試してみましょう。

４．再び振り下ろして床へ置きます

　これを連続で左右それぞれ５回行いましょう。

ミリタリープレスからのスナッチの練習

1 **2** **3** ミリタリープレス

4 **5** **6** **7**

8 **9**

腕の力を使わずに、どこまで挙がるかを試す。

Part.4 ケトルベル中級1

スナッチの振り挙げを学ぶために、ワンアーム・スイングを利用する

　これまでのセミナーや指導の経験から言えば、正しい段階を踏まずにスナッチを行おうとすると、前腕にケトルベルを強く打ちつけるなどの失敗をすることが多いです。

　これは、スナッチの際に、スイングの動作を意識しないために起こる現象です。その為、スナッチにもケトルベルの基本でもあるワンアーム・スイングを有効に活用することを勧めています。

　スナッチの習得には、ワンアーム・スイング、スナッチ、ワンアーム・スイング、スナッチと、交互に連続して行うトレーニングを行うことで、ワンアーム・スイングの感触をスナッチに活かすことでスムーズに移行できるのです。

　違いとして、ワンアーム・スイングではケトルベルを前へ突き出しますが、スナッチは思い切り勢いよく挙手します。

　ケトルベルが前腕に勢いよくぶつかることなく、ぴったりと収まっていたらスナッチは出来上がりです。

スイングを１回

⇩

スナッチ

　スイングから勢いよく挙げてください。これがスナッチです。挙上した状態では、ゲットアップと同じく、手首も肘もまっすぐです。

⇩

振り下ろしから再びスイングへ

　頭上からケトルベルを振り下ろすとスイングにより勢いがつきます。そのまま振り下ろして再びスイングを行ってください。

ワンアーム・スイングとスナッチを交互に

スイング

スナッチ

スイング

Part.4 ケトルベル中級1

スナッチのポイント

弧を小さくする　Tame the Arc

　スナッチでは、基本的に振り下ろす軌道と振り挙げる軌道は、ほぼ同じだと思ってください。実際には寸分違わず同じであることはないのですが、頭の中で「同じ軌道を通る」とイメージすることで、正しいきれいなフォームでスナッチができます。

　スナッチの質を上げるためには、振り挙げと振り下ろしで描く弧を小さくします。

　ポイントとしては、顔の前へ振り下ろし、顔の前で振り挙げます。

　ワンアーム・スイングの鉄則は腕をまっすぐに伸ばすことですが、スナッチはできるだけケトルベルを身体の近くへ引き寄せて振ってください。

スイングは前、スナッチは上

　スイングの弧とスナッチの弧を比べると、スイングの弧は前へ大きく描かれます。一方のスナッチは上へ弧を描きます。

　スナッチでは腕がまっすぐに伸びるのが、ケトルベルが頭上に到達した時のため、顔面の高さにケトルベルが来たタイミングで、肘を曲げて自分の方へ引く必要があります。その為、弧がスイングより小さくなるのです。

壁を作る、イメージする

　パートナーに手伝ってもらい、ケトルベルが当たっても差し支えないもの（紙や段ボール板など）を使って、弧を小さくする練習を行うことができます。

　パートナーに横へ立ってもらい、顔の前50センチ離れたところに紙を突き出してもらいます。その紙に当てないよう、できるだけ小さな弧を描くようにスナッチをしていきます。

　一人で行う場合は、自分の前に架空の壁があるとイメージして、ケトルベルをそれにぶつけないようにスナッチしてください。

　このようなイメージはケトルベルのトレーニングの随所で役に立ちます。

　弧を小さく描けるようになると、次に解説するグリップの問題がある程度解消されます。

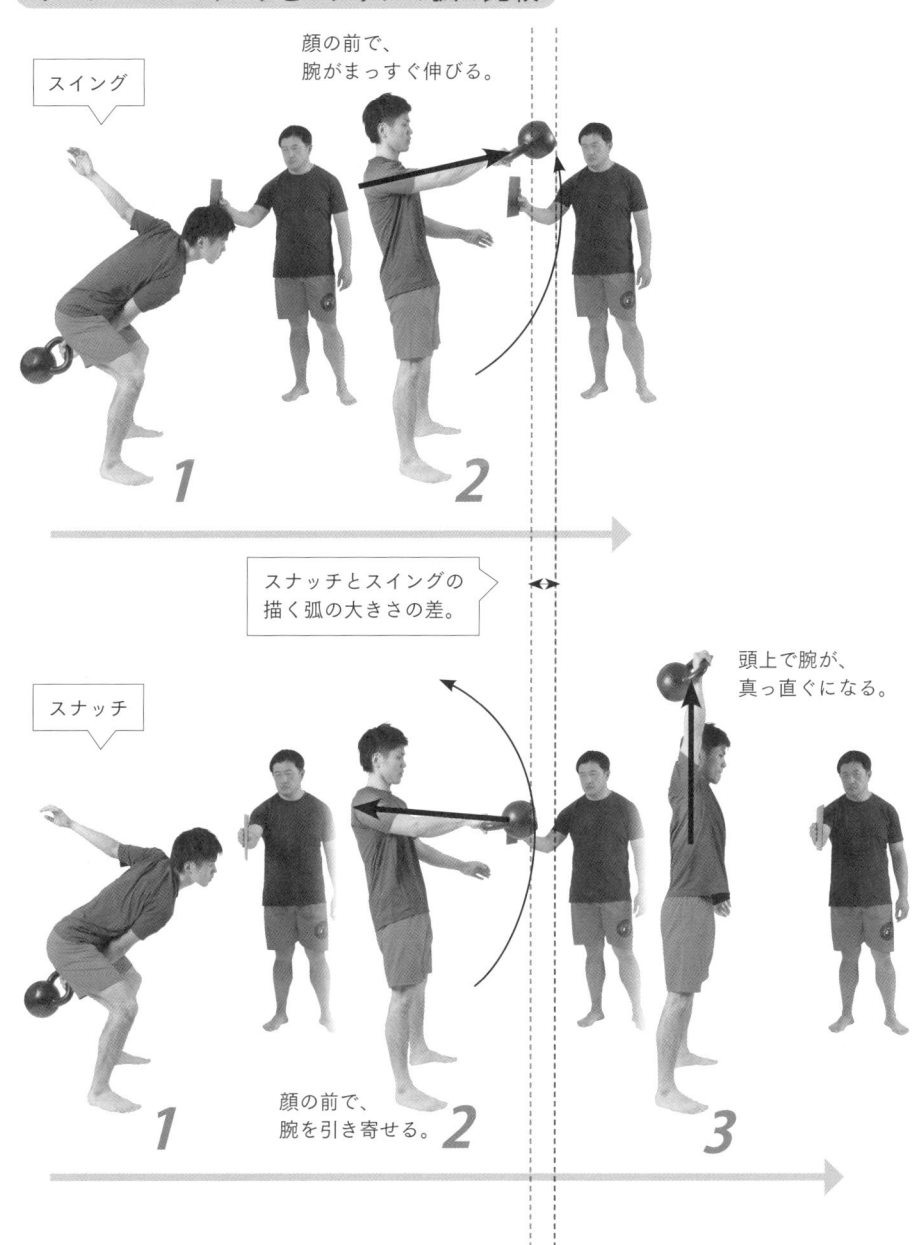

ワンアーム・スイングとスナッチの弧の比較

スイング

顔の前で、腕がまっすぐ伸びる。

1　*2*

スナッチとスイングの描く弧の大きさの差。

スナッチ

頭上で腕が、真っ直ぐになる。

1　顔の前で、腕を引き寄せる。*2*　*3*

Part.4　ケトルベル中級1

スナッチにおけるグリップの解決方法

スナッチでは、ケトルベルのハンドルが手のひらの中で激しく動くため、手の皮を剥ぐことが多々あり、それが原因でトレーニングが中断されることがあります。

また手のひらは身体全体のセンサーでもあるため、手の感触次第で身体が動くか動かないかを判断します。その為、手の皮がめくれると、痛みの信号が脳に伝わって、脳から「動くな、危険」という指令が身体に伝わります。するとケトルベルを握るのに躊躇して、思わぬ事故のもとになります。そこでここでは、スナッチの際のグリップのコツを紹介しておきます。

ハンドルを強く握りしめない

まずは、ハンドルを強く握り締めすぎないことです。特に振り下ろしたときは遠心力が作用するため、手に圧力が加わります。

頭上へロックアウトしている時は、手を広げる、もしくは軽く握ってください。

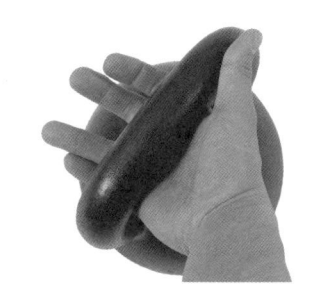

振り下ろす時

振り下ろす時や後ろへ振る時には、四指をハンドルに引っ掛けるようにフックして振ります。特に小指と薬指を意識してフックを作るとより安定します。グリップ力がある方は特に小指・薬指を意識しなくても大丈夫です。

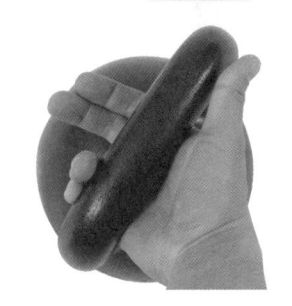

チョークの付け方

　Part 1 でも紹介したようにチョークはケトルベルのハンドル、もしくは手につけます。手のひらにチョークを付けると皮が剥がれることが多いので、基本的に5本指につけてください。

　チョークをつけるとハンドルが滑りにくくなるだけでなく、ケトルベルを落とす不安感を払拭します。「ハンドルが滑る」と感じると、滑らないように身体が緊張してフォームを無意識に変えてしまうことがあります。そうしたこともあり、チョークで安心感をあらかじめ植え付けることが、より良い動きにつながります。

スナッチのあとは回復を

　スナッチを多く行うと全身の筋肉が張ります。背筋や腰まわり等、姿勢の維持に関わる筋肉も疲労し、姿勢が悪くなる可能性があるので、必ずストレッチやアームバー・シリーズ＆モビリティなどを使って、身体を伸ばしてください。

　リラックス法、呼吸法など、とにかく回復に使えるものは何でも良いので使ってください。

スナッチを使ったトレーニング

心肺機能をアップさせるトレーニング

スナッチがしっかりできている人が、軽めのケトルベルを使うことで、心肺機能をアップするトレーニングになります。用いるケトルベルは、男性で12〜20kg、女性で8〜12kgの、15秒で6〜8回を問題なくできる重さを選びましょう。メニューは、

15秒スナッチ ⇨ 15秒休憩 ⇨ 15秒スナッチ ⇨ 15秒休憩

です。15秒で6〜8回を連続で行うことになります。これを10〜80セット続けていきます。15秒の休憩は、左右の手を持ち替えて一息つく程度の時間です。休憩を最小限にして、回復を待たずにスナッチを行うことがこのトレーニングのポイントです。

インストラクター認定コースでのスナッチ・テスト

SFGのインストラクター資格では、50歳未満で体重60kg以上の男性が、24kgのケトルベルを完璧なフォームで5分以内に100回のスナッチを実施するテストがあります。

女性は、体重に応じて12〜16kgのケトルベルを用いて、同様に5分以内に100回のスナッチを実施します。

5分の間であれば、途中でケトルベルを置いて休むことができ、左右の持ち替えを何度も繰り返すことができます。ただし、床にケトルベルを落下させると失格になります。

また、フォームの基準に達しないスナッチが3回発生した場合も、失格になります。

これはパワー、持久力を試されるテストです。

インストラクターは、セミナーの現場で自ら実演しながら、指導しなければならないので、息切れなどしていられません。ですから、インストラクターには、"それ相応の心拍数に耐えられる身体が必要"というわけです。

このテストは、インストラクターと一般の人々を分かつテストといっても

よいでしょう。
　このテストに向けてのトレーニング方法はいろいろありますが、簡単にまとめると次の通りです。参考までに紹介しておきましょう。

●ゲットアップ、スイング、ミリタリープレスを取り入れます。
●時間無制限で200回、もしくは10分間でできるだけ多い回数、スナッチすることから始めます。つまり、テストで求められる倍の回数、もしくは倍の時間を行うことで、それだけのボリュームを扱える体力がつきます。

　ちなみに、5分間で100回のスナッチを行おうとすると、回数配分は概ね次のようになります。
　　右20回　左20回
　　右15回　左15回
　　右10回　左10回
　　右5回　左5回
　最低でも左右20回ずつ、連続してできる必要があります。

シークレットサービス・スナッチ・テスト（10分間スナッチテスト）

　24kgのケトルベルを用いたスナッチを、10分間で200回が合格基準です。左右持ち替え回数は無制限で、時間内であればケトルベルを置いて休むこともできます。
　アメリカのシークレットサービスのカウンター・アサルト・ユニット（対襲撃部隊）が取り入れたことから、この10分間スナッチテストを"シークレットサービス・スナッチ・テスト"と呼ぶようになりました。
　多くの人がチャレンジした中で250回以上、中には300回を越えた人もいます。2010年に東京で行われたチャレンジで、フィリップ・デイビスが10分間で274回という記録を達成しました。

流れで見る！　スナッチ

1

2

3

> ヒンジ運動と尻を引き締める力で勢いをつける。

5

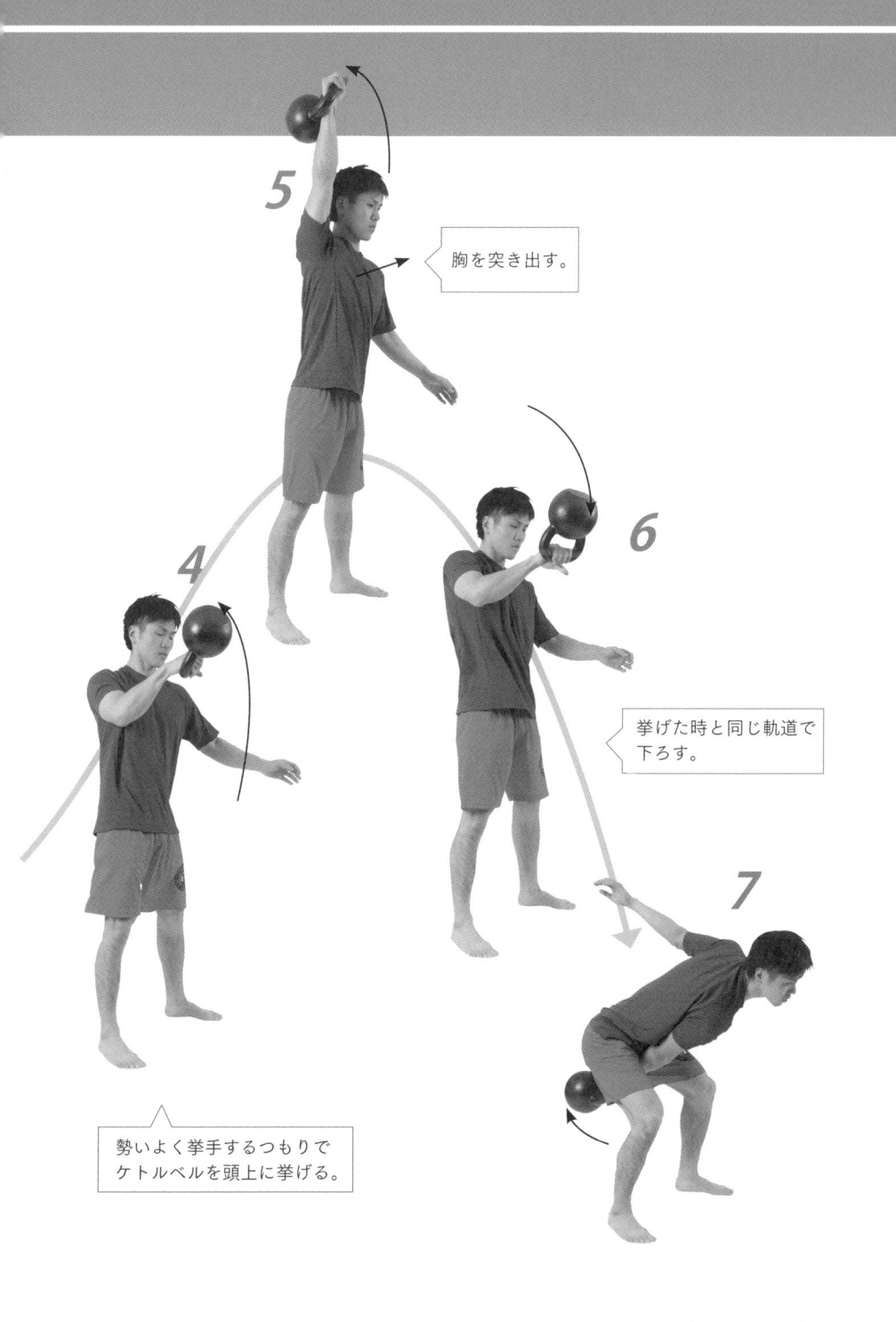

胸を突き出す。

4

6

挙げた時と同じ軌道で下ろす。

7

勢いよく挙手するつもりでケトルベルを頭上に挙げる。

Part.4　ケトルベル中級1

Part 5
ケトルベル中級2

- ▶ ダブル・スイング
- ▶ ダブル・クリーン
- ▶ ダブル・フロント・スクワット
- ▶ ダブル・ミリタリープレス
- ▶ シーソープレス
- ▶ フルテンション・ロー
- ▶ ダブル・ハイプル
- ▶ チェーン、コンプレックス

1. ダブル・ケトルベル種目について

　ケトルベルは、通常1つで様々な種目を行います。一方の手で重量を握り、もう一方の手でバランスや力の操作をします。ケトルベルを持っている方が動力、もう一方が舵取りだと考えてください。ワンアーム・スイングやスナッチの最中に、反対側の腕が激しく動くのは、そのためです。

　では、両方にケトルベルを1つずつ持つとどうでしょう。舵の役割をする腕が消滅します。両手はケトルベル2つで塞がっているので、バランス操作を胴体の力で補わなければなりません。それだけ筋肉と骨格への依存度が大きくなりますので、呼吸もしっかりしなければなりません。

　このような高負荷トレーニングが、瞬発力や筋力、そして筋肉の肥大を促します。特にパワーリフティングや重量挙げなどのパワーアスリートにはダブル種目は欠かせないでしょう。もちろん一般の方にも効果があります。

紹介するダブル・ケトルベル種目
- ダブル・スイング
- ダブル・クリーン
- ダブル・フロント・スクワット
- ダブル・ミリタリープレス
- シーソープレス
- フルテンション・ロー
- ダブル・ハイプル

使用する2つのケトルベル
　同じ重さのケトルベルを2つそろえるのが良いのですが、2つの重さの差が2〜4kgであれば使うことができます。

ダブル・ケトルベル種目を行うためのベースライン

　ケトルベルの基本種目である、スイング、ゲットアップ、ゴブレット・スクワットに加え、クリーンとミリタリープレスを習得してください。

　また下に紹介した、プランクの姿勢を1分ほど維持できる力も大事です。プランクは以下のポイント全てがそろっていることが条件です。

・腹部に力を入れる
・背骨をまっすぐにする
・尻を引き締める
・ミリタリープレスで行うパワー呼吸（P.189）を所々で発揮できる

　腹部に力を入れると、前かがみになり、背中が丸まります。
　しかし、背骨をまっすぐにすると、腹部に力が入りにくくなります。
　この二つは矛盾する項目です。それでもあえてこの矛盾を抱えて行うことにプランクの意味があります。
　もし背筋をまっすぐにする意識が身につかない場合は、尻を引き締めて腹部に力を入れてください。誰かに腹部を蹴られるというイメージをすると、腹部に力が入ります。この心理的な作用を利用して腹筋に思い切り力を入れましょう。

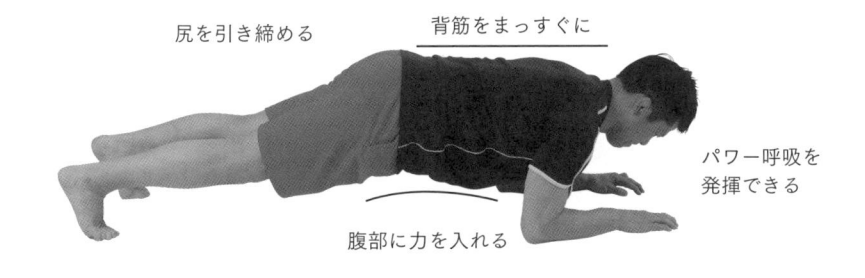

2. ダブル・スイング

　つま先から 30 〜 40 センチ前にケトルベル 2 つを並べます。ケトルベルが膝に直撃するのを避けるために、十分な足幅が必要です。
　動きはワンアーム・スイングやツーアーム・スイングと同じく、ヒンジ動作です。重量が 2 倍になるので、ワンアーム・スイングのように肩の高さまで振り挙げることができないかもしれません。したがって、慣れるまでは振り挙げるより振り下ろす方に集中してください。振り下ろされた 2 つのケトルベルの勢いを利用して尻を引き締めると、ケトルベルは跳ね挙がります。

ダブル・スイングの注意点

・**ケトルベルが 2 つ通るよう足幅を開く**
　ケトルベルを 2 つ床に並べて足幅を合わせてください。

・**振り下ろす時に両手を限りなく近づける**
　ケトルベルが膝に当たらないよう、振り下ろす時は両手を近づけてください。ケトルベル同士がぶつかることがありますが、気にしないでください。

・**振り挙げるより勢いよく振り下ろす**
　16kg を 2 つで 32kg、24kg を 2 つで 48kg、32kg を 2 つで 64kg と重く、また、足幅を開いているために肩の高さまで振り上げることが困難です。高さを気にせず、とにかく振り下ろすことに集中してください。

・**床へ置く時は静かに**
　床にケトルベルを置く時は、一度後ろに振って、前へ戻ってきた時に静かに床へ置いてください。ケトルベル 2 つを床や地面へ落とす衝撃は思った以上に大きいため、必ず勢いを緩めてから着地させてください。

ダブル・スイング

1 足幅を十分にとる。

2

3

4 ヒンジ動作でケトルベルを挙げる。

5 振り下ろす方に集中する。

6

7 下ろす時は、必ず勢いを緩める。

8

9

3. ダブル・クリーン

　2つのケトルベルを同時にクリーンするのが、ダブル・クリーンです。ケトルベル1つをクリーンするのに比べて、高い負荷がかかるため、ダブル・クリーンだけでも体幹と瞬発力を鍛えることができます。

　まず次の2点ができることを確認してから行ってください。

・ケトルベル1つでのクリーンが完璧にできること。
・ダブル・スイングで肩の高さまでケトルベルが挙がること。またその重量を使用すること。

　ダブル・スイングで肩の高さまで達しない重量のケトルベルを使わないでください。肩まで振り挙がらないとクリーンができません。
　24kgを2つでダブル・スイングできても、32kgを2つでできるとは限りません。32kgを2つで64kgです。これを肩の高さまで振り挙げるには相当な力を要します。

　初動はダブル・スイングと同じです。
　床に置いた2つのケトルベルを尻、背中で後ろへ引き、そこから後ろへケトルベルを振って尻を引き締めます。
　肘を肋骨につけたまま、ケトルベル2つを胸元に収納してください。
　下ろす時もクリーンと同様に、腕に力を入れず胸から下へこぼすように下ろしながら、いったん後ろへ振り、前へ静かに置きます。

　連続で5回行えるまで練習してください。ダブル・クリーンに慣れると、ダブル・フロント・スクワットやダブル・ミリタリープレスがしやすくなります。

ダブル・クリーン

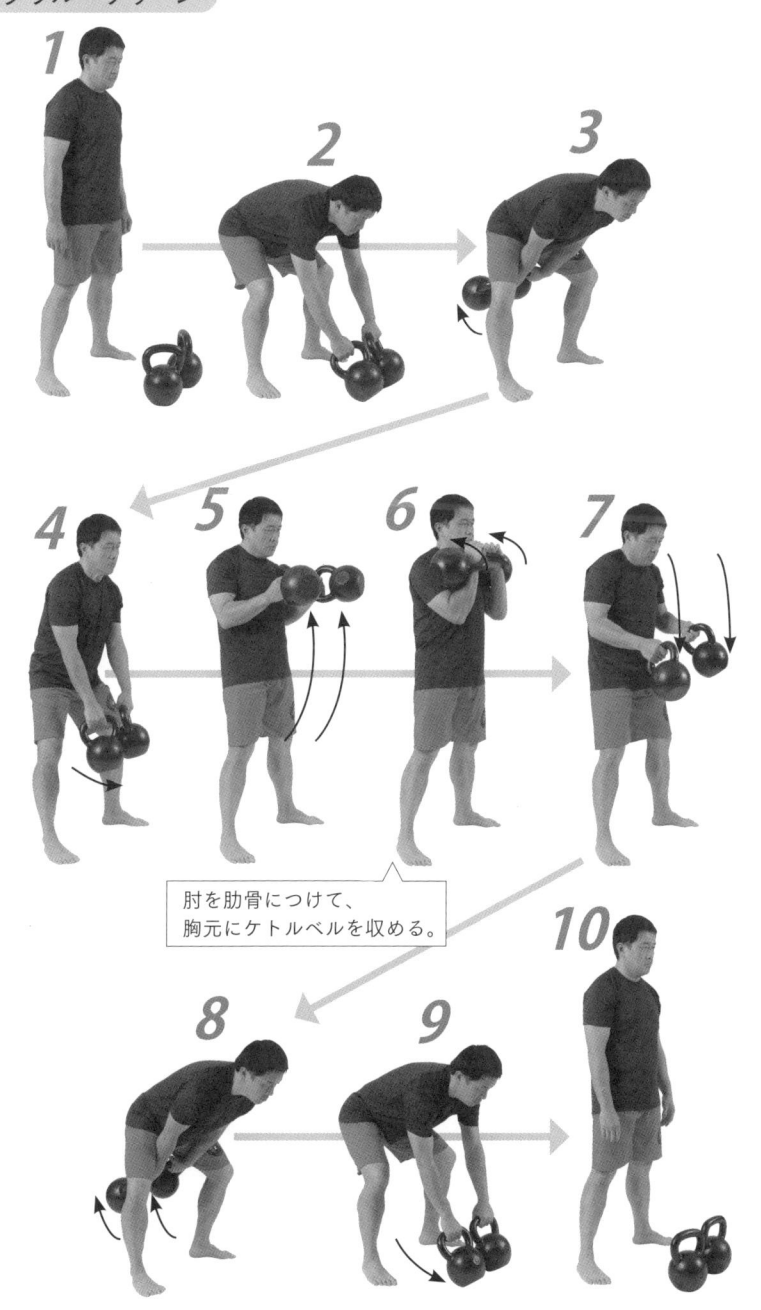

肘を肋骨につけて、
胸元にケトルベルを収める。

Part.5 ケトルベル中級2 231

ラックポジションでの注意点

　両こぶしをアゴの下まで接近させると、指をハンドルで挟む危険があります。実際アメリカでケトルベルのハンドルで指を損傷し、病院へ運ばれたという話を聞いたことがあります。

　ハンドルを強く握るとパワーが増しますが、反面、指をハンドルで挟む危険性が増します。こうした危険を避けるためには、次のような方法があります。

・手の間を広げる

　こぶしが耳の下にくるように、手と手の間を広げてください。

　女性は、ケトルベル2つで胸部を圧迫するのを避けるためにも、このように広げることが必須です。

・手のひらを広げる

　ケトルベルの利点は、ハンドルを握らなくても四指に引っかけられることです。その利点を活かして、ラックの際に手を広げる方法です。

　この方法のデメリットは、力が入らないことです。また、まれに指先で目や鼻を突く危険がありますので、注意が必要です。

　数秒～数十秒間、ラックポジションを維持するような、持久トレーニングを行う際はこれを使ってください。

・ハンドルの上に指を立てる

　ハンドル同士を接近させ、かつハンドルを握って力を入れたい場合は、ハンドルの上に四指を立ててください。

　ハンドルの間に指を挟む危険が回避できます。

・指をハンドルの上に重ねる

　右手の指を左手の指に重ねる、あるいは左手の指を右手の指に重ね合わせます。

　ハンドル同士を重ねたうえで指を重ねることもできます。

　ダブル・フロント・スクワットやダブル・クリーンなど、ラックポジションから動きが発生しない場合に使えます。この方法は好みで使ってください。

　ただし女性は胸部圧迫の可能性があるので推奨しません。

4. ダブル・フロント・スクワット

　ダブル・フロント・スクワットの原則は、ゴブレット・スクワットと同じです。ケトルベルをダブル・クリーンし、両膝を広げてその間に胴体を下ろしてください。

　立ち上がる時は、鼻から息をすすって腹圧を高め、さらに「ハッ」という声と同時に立ち上がってください。

難しい点、でも克服を !!

・スクワットをすると上半身が前へ傾きがちです。するとケトルベルが前へ落下しやすくなるので、ミリタリープレスで使うパワー呼吸（P.189）で腹圧を作って真下へ腰を下ろしてください。

・背筋を終始まっすぐにすることで、ケトルベル2つをラックポジションに維持します。

・肘を真下に向けてください。すると腹部にしっかり重さがかかります。

・尻を膝の高さより低い位置まで下ろしてください。最低限太腿が床と平行、もしくはそれ以下であることがスクワットのポイントになります。

　1セットあたり3～5回、丁寧にきれいなフォームでできるようにしてください。フォームが整うまでは、低回数で行ってください。

ダブル・フロント・スクワット

肘を真下に向けて、腹圧を高める。

ハッ！

Part.5　ケトルベル中級2

5. ダブル・ミリタリープレス

　片手でのミリタリープレスは、空いている方の腕でバランスをとり、また力加減やタイミングを調整することができます。

　しかし、ダブル・ミリタリープレスではその機能が封じられ、より筋肉やパワーに依存した挙げ方になります。

　ダブル・ミリタリープレス成功のカギは、ダブル・クリーンです。

　ケトルベルが勢いあまって身体に衝突するだけでも、心理的ショックから挙げられる重さも挙がらなくなることがあります。

　また、クリーンした時のラックポジションや姿勢が重要になります。

　ラックポジションで、次の5点を確認してください。

・尻を引き締める
・肘の下に骨盤が位置している
・前腕が限りなく床に対して垂直
・胸が上方向を向いている
・膝がまっすぐ

ダブル・ミリタリープレスのポイント
・腕を挙げる時は、パワー呼吸（P.189）で腹圧を高め、息を最小限に吐きながら挙げていきます。口から息を吐きすぎると身体のテンションを失い、バランスを崩しやすくなります。息をため込んでください。
・肘を伸ばし切る直前に、胸と頭を前へ出します。
・ラックポジションへ戻す時は、ゆっくりコントロールしながら下ろします。
・ラックポジションに戻す度に腹圧を固めて繰り返すか、もしくは息を限りなく止めた状態で複数回挙げます。
・腹圧を作って息を止めたうえで、その腹圧を骨盤方向へ向けて圧力をかける技術が必要です。ただし息を止めるときに酸欠で意識を失う危険があります。まずは十分軽いケトルベルで練習をしてください。また重い加重で腹圧を作ると肉体的な負担も大きくなります。

回数
　1セットあたり1〜5回が良いでしょう。一度クリーンしてから複数回挙げてください。

　ダブル・フロント・スクワットとダブル・ミリタリープレスは、開始のラックポジションがほぼ同じであることから、両方トレーニングをすることで相乗効果があります。
　もしダブル・ミリタリープレスを強化したいのであれば、ダブル・フロント・スクワットを十二分に行ってください。

ダブル・ミリタリープレス

クリーンを使って、ラックポジションになる。

腕を伸ばしきる前に、胸と顔を前へ出す。

ゆっくりコントロールしながら、ラックポジションに戻る。

Part.5 ケトルベル中級2

6. シーソープレス

　左右に持った2つのケトルベルを交互に挙げる動作を、シーソープレスと言います。2つを同時に挙げるダブル・ミリタリープレスより、やりやすい動きです。1回あたりの負荷が軽いだけでなく、片方を挙げてもう片方を下ろすという動作が人間本来の動きに適合しているためと考えられます。

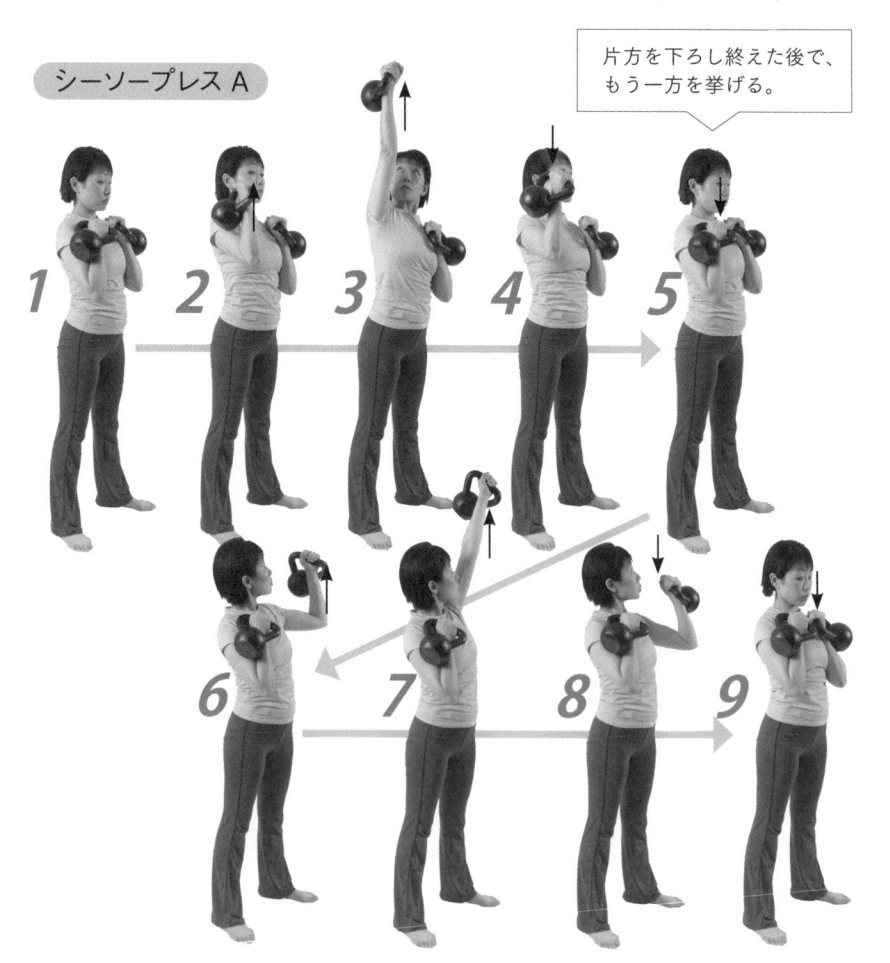

シーソープレス A

片方を下ろし終えた後で、もう一方を挙げる。

ダブル・ミリタリープレスが難しい場合は、このシーソープレスを試してください。

方法は2つです。
・ケトルベルをラックポジションから1つ挙げて下ろし、もう一方を挙げて下ろす。これを継続します（連続写真A）。
・ケトルベルをラックポジションから1つ挙げ、下ろし始めたところでもう一方を挙げます（連続写真B）。

シーソープレス B

片方を下ろし始めたところで、もう一方を挙げ始める。

7. フルテンション・ロー

　女性で12kg以上、男性で20kg以上のケトルベルを2つそろえてください。軽いケトルベルで行うとバランスが不安定になるためです。
　ケトルベルのハンドルを平行に並べ、腕立て伏せの開始姿勢でケトルベルのハンドルを握り、尻を引き締めます。尻を浮かせると安定しません。
　一方のケトルベルを強く床へ押し付けながら重心移動して、もう一方を腰へ引きます。
　引いたケトルベルを再び床へ置き、反対側の手へ重心移動をして、今度は反対側のケトルベルを引きます。

回数
　左右最大5回ずつが良いでしょう。

　不慣れな場合は、次のような簡単な方法で行ってください。

・一方の手を床につき、もう一方のケトルベルを数回腰へ引く。
・両手をケトルベルのハンドルに置きますが、ケトルベルを持ち挙げずに手だけ腰へ引く。動きやバランス感覚を養うことができます。
・ケトルベルのハンドルを「ハ」の字に並べると安定します。慣れないうちは、これで行ってください。
・柔らかい土の上で行うとケトルベルが沈み、倒れることなく安定度が増します。

フルテンション・ロー

右へ重心移動。

1 *2* *3*

4 *5* *6*

左へ重心移動。

7

右へ重心移動。

1' *2'* *3'*

Part.5　ケトルベル中級2

8. ダブル・ハイプル

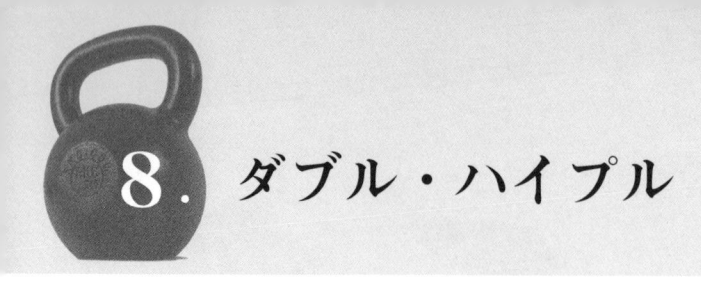

　ダブル・スイングの延長動作で、両手に持ったケトルベルを肩に引きつけます。

　動きは、ダブル・スイングで肩の高さにケトルベルが達した後に、両肘を後ろへ引きます。この際に肩がパックされていることが大事です。

　肘の高さは肩～耳のあたり、ケトルベルが真横になっていることがポイントです。肩がパックされていないとケトルベルが下を向くような形になります。振り下ろす時に、ケトルベルが膝へ直撃しないよう注意してください。

使用する重量、回数

　ダブル・スイングで肩の高さまで挙げられる重量を使ってください。
　5～10回ほどの回数を行ってください。

ダブル・ハイプル

ダブル・スイングで、ケトルベルが肩の高さに達した瞬間に、肩に引きつける。

1 **2** **3**

3′

真横になったケトルベルが2つ並んでいることがポイント。

Part.5　ケトルベル中級2

9. チェーン、コンプレックス

　元SFG上級インストラクターのジェフ・ニューパートがダブル・ケトルベルを使い、チェーンとコンプレックスというダブル・ケトルベルのトレーニングパターンを編み出したので、ここで紹介しておきましょう。

チェーン
　ダブル種目を3つ以上選び、それぞれ1回ずつ連続で行います。例えばダブル・スイング、ダブル・クリーン、ダブル・ミリタリープレスの組み合わせでは次のようになります。

ダブル・スイング1回 ⇨ ダブル・クリーン1回 ⇨ ダブル・ミリタリープレス1回

これを3～5セット繰り返します。

他に考えられるコンビネーション例：
ダブル・スイング⇨ダブル・クリーン⇨ダブル・フロント・スクワット
ダブル・スイング⇨ダブル・ハイプル⇨ダブル・クリーン⇨ダブル・ミリタリープレス

コンプレックス
　ダブル種目を3つ以上選び、それぞれ3～5回ずつ続けて行います。例えばダブル・スイング、ダブル・クリーン、ダブル・ミリタリープレスの組み合わせでは次のようになります。

ダブル・スイング3回 ⇨ ダブル・クリーン3回 ⇨ ダブル・ミリタリープレス3回

　この他にも、考えられるコンビネーションは様々です。

Part 6
ケトルベル上級

▶ ジャーク

▶ ベントプレス

1. ジャーク

　ジャークとは、反動を利用して頭上にケトルベルを挙げる種目です。ジャークと言えば、19 世紀末～20 世紀初頭の欧米のウエイトリフティング・ブーム時には、すでに片手バーベル・ジャークが行われていたと言われています。

　この重量挙げのジャークとも共通点はありますが、本項で紹介するケトルベル・ジャークとは本質的には異なるものです。

　ケトルベル・ジャークは、GPP（General Physical Preparedness）、つまり全身の瞬発力、筋肉増量、筋肉増強、持久力を総合的に鍛えるもので、基礎体力の種目として、これ以上のものはないと言われています。

　実際に、ケトルベル・ジャークを取り入れたことでパワーリフティングのデッドリフト記録が伸びたという話があります。また、とあるロック・クライマーがケトルベル・ジャークで筋肉と体重が増加したために担当インストラクターに苦情を申し立てたと言う話があります。このロッククライマーは、持久力アップを目的にケトルベルを取り入れていたのですが、筋肉が増量しすぎて、ロッククライムに必要な身の軽さを維持できなかったというわけです。いかにケトルベル・ジャークが効果的であるかと同時に、目的に合わせたトレーニング・メニュー作りの大切さがわかるエピソードでもあります。

　足、膝、骨盤、胴体、頭までを同時に動かせなければ、ジャークはできません。身体の全部位を同時に動かす能力はスポーツや格闘技ばかりでなく、日常生活にも活かせるスキルです。

　また、腕をオーバーヘッド・ロックアウト（頭上で腕をまっすぐに伸ばした）した状態で、肩にケトルベルの重量がかかることで、肩強化にもつながります。

　体幹を鍛えるジャークの方法を段階を追って説明します。

ジャークを行うための条件

　スイング、ゲットアップ、ゴブレット・スクワットのスキルが必須になります。

・ワンアーム・スイングが左右10回胸の高さまで問題なく振り上げられること。
・ゲットアップが左右1回ずつ5セットできること。
・肩周りの怪我がないこと（もしある場合はジャークは行わず、スイングや軽いゲットアップを行うこと）。
・ゴブレット・スクワットで深くしゃがむことができること。
・スイングと同じ呼吸方法を実践できること。

　数多くの種目の中で、ジャークほど肩に負荷がかかるケトルベル種目はないでしょう。かといって肩に痛みが走るような負荷ではありません。
　ただし、肩の柔軟性に問題がある、あるいは肩を怪我している場合は、ジャークを控え、ゲットアップやスイングを継続してください。
　もし頭上にケトルベルを挙げたい場合は、まずミリタリープレスに挑戦しましょう。
　なお、ロシアのギレヴォイ・スポーツ（競技化されたケトルベル）には、10分間で挙げる回数を競う種目があります。

ジャークのフォーム

1〜4 クリーンでラックポジションになります。尻を引き締めた所から開始します。

5・6 膝の屈伸と胴体の力の反動で、ケトルベルを頭上へ挙げます。

7 ケトルベルを持った肘が伸びきる前に再び腰を落とし、重量の下へ身体を潜り込ませます。腰を落とすことで肘をロックアウト（まっすぐ伸ばえす）し、肩にかかる重量を全身で吸収します。

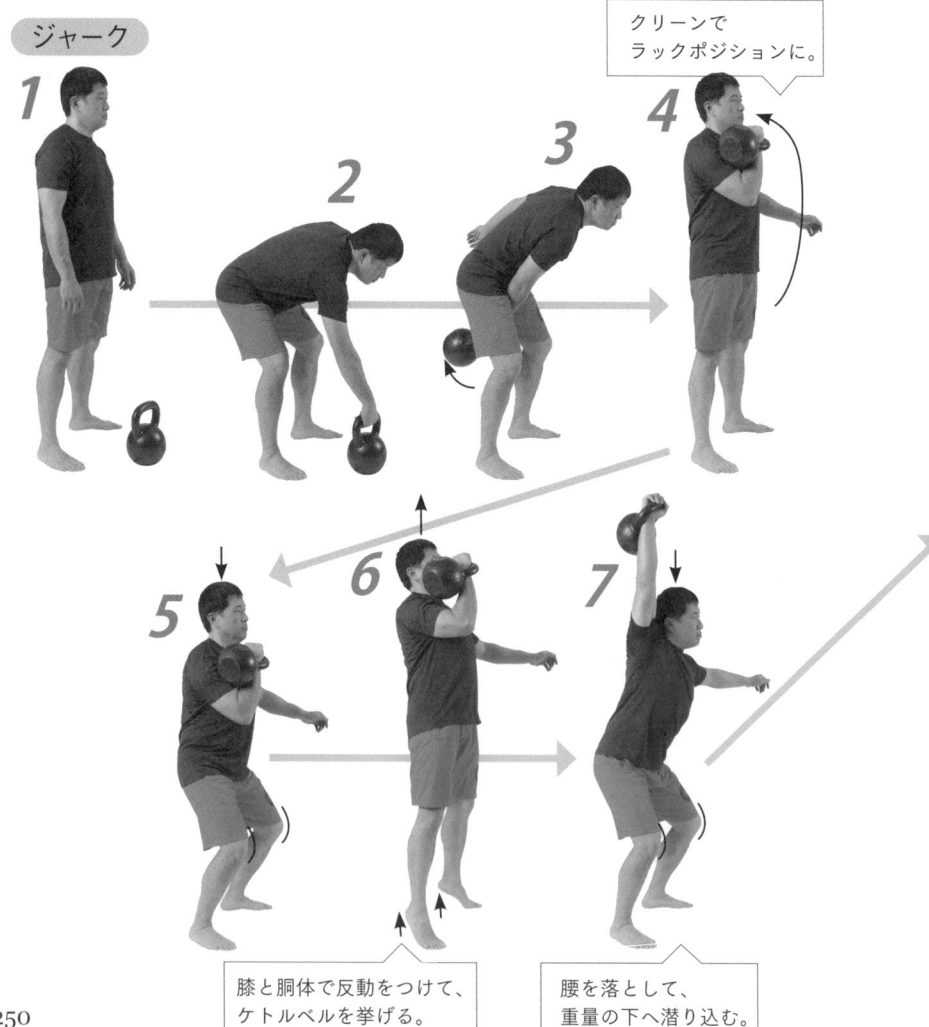

ジャーク

クリーンでラックポジションに。

膝と胴体で反動をつけて、ケトルベルを挙げる。

腰を落として、重量の下へ潜り込む。

8　そのまま膝をまっすぐに伸ばします。
9・10　ラックポジションに下ろす時は、膝を曲げて衝撃を吸収してください。
11〜13　下ろす方法は他と同じです。

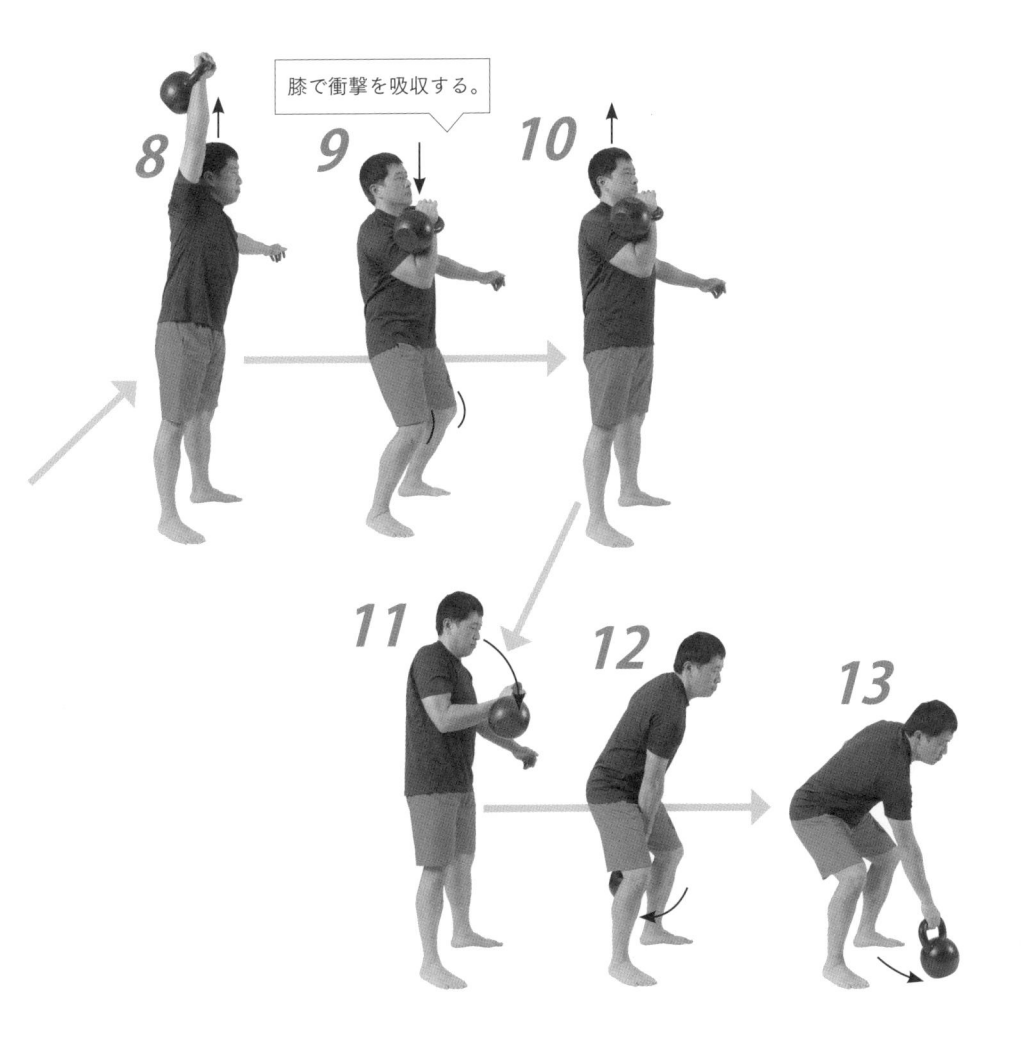

膝で衝撃を吸収する。

Part.6　ケトルベル上級　251

ハーフ・ジャーク・ドリル

ジャークができるまでを、段階的に練習します。

ハーフ・ジャーク

ジャークではディップ（膝の屈伸）が、挙げる時に2度、下ろす時に1度行われます。

最初から完全なジャークを行おうとしても、なかなか正しくできないので、まず反動で挙げる部分だけを行うハーフ・ジャークを行います。

まず、ケトルベルをクリーンしてラックポジションに収めます。

次に、腕を完全に脱力した状態で、膝の屈伸の反動を使ってケトルベルを上へ挙げます。腕を脱力したままなので、挙がるのは頭から目線の高さ程度です。そのまま腕を伸ばしきらず下ろします。この時、膝の屈伸で衝撃を吸収します。

これを1セットあたり5回繰り返してください。

ハーフ・ジャークのポイント

・開始時に膝を伸ばしたまま胸を上方向へ向けてください。胸が下向くとケトルベルは上に行きません。
・同時に腹圧を作って腹部を固めてください。すると肩の脱力もやりやすくなります。
・ケトルベルをラックに戻す時に息を少しだけ吐いてください。
・腕に力を入れないでください。腕を伸ばして上へ挙げたい衝動を我慢して抑えます。

ハーフ・ジャーク

反動だけで挙げる。

ディップ
（膝の屈伸）

ディップ
（膝の屈伸）

Part.6　ケトルベル上級　253

2回目のディップ

ハーフ・ジャークで頭の高さまでケトルベルを挙げる動きを覚えた後、今度は2回目のディップを行います。

ハーフ・ジャークで腕を脱力したまま、膝と胴体の反動で頭の高さまでケトルベルを挙げる途中で、腰を落とすのです。すると、腕がまっすぐになり、頭上のケトルベルが安定します。

続いてそのまま膝をまっすぐにします。これができればジャークの難しい部分は完了です。

注意点

・1回目のディップ、つまり最初の反動の時にかかとを浮かしても構いません。ただし、2回目のディップでは、かかととつま先をしっかり床につけてください。
・つま先は最初から最後まで同じ位置のままです。

2回目のディップ

1回目のディップ
（膝の屈伸）
かかとが
浮いてもOK

2回目のディップ（膝の屈伸）で重量の下の身体を入れる。かかとはつける。

Part.6 ケトルベル上級

ラックポジションへ戻す

今度はケトルベルを頭上に挙げた状態から、ラックポジションへ戻る時の練習をします。

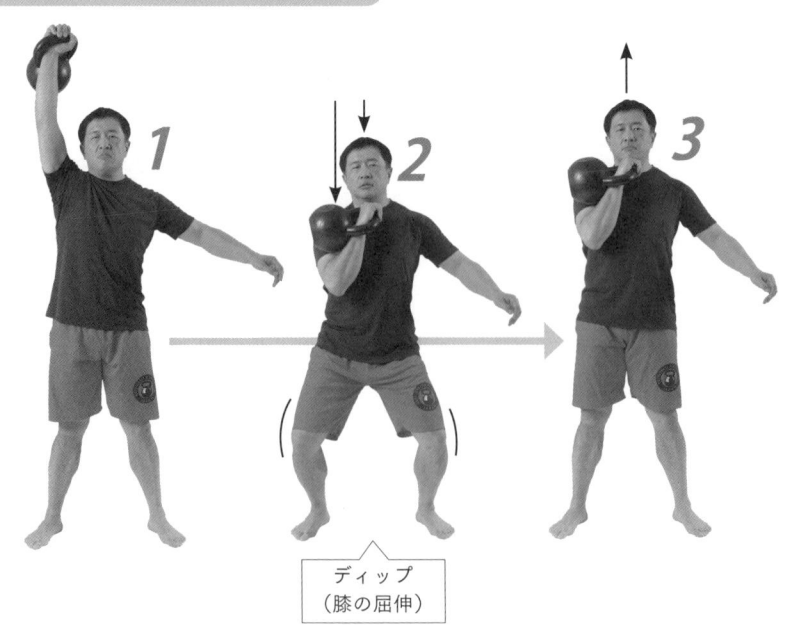

ケトルベルをラックへ戻す時は腕に力を入れず、そのまま肘を下ろします。この時、膝をディップすることでケトルベルが落下する衝撃を身体全体で吸収します。衝撃を身体全体に拡散させるより、腹部等体幹に集約した方が身体が鍛えられます。

ケトルベルを戻す時は、つま先立ちにならないようにしてください。

回数、セット数

ラックポジションからの「2回目のディップ」→ラックポジションに戻ることを、左右5～10回、セット数3～10回が望ましいでしょう。

ただし回数以上に、完璧なフォームでできることが重要です。特に2回目のディップを練習してください。

頭上からラックポジションへ戻す

ディップ
（膝の屈伸）

オーバーヘッド・ウォーク

　ケトルベルを挙げた状態で歩きます。
　胸からケトルベルまでが後ろへ引かれ、腹部と下半身が前進することで、肩の可動域と柔軟性、安定性を向上させるシンプルなドリルです。
　歩く距離は10メートルほど、屋内では一畳のスペースを10周すると良いでしょう。
　片手で行う場合は、左右両方行ってください。ケトルベルを2つそれぞれの手に持って行うことで、ダブル・ジャークのトレーニングにもなります。
　使用するケトルベルはジャークで使うものよりも2段階軽いものを使いましょう。つまり、24kgでジャークするのであれば16kgのケトルベルを、16kgでジャークするのであれば、8～12kg程度のケトルベルを使います。

オーバーヘッド・ウォーク

ロングサイクル・ジャーク

　ジャークを行ってからラックへ戻し、ケトルベルをいったん振り下ろしてから、再びクリーン、そしてジャーク。この一連の流れをロングサイクル・ジャークと言います。

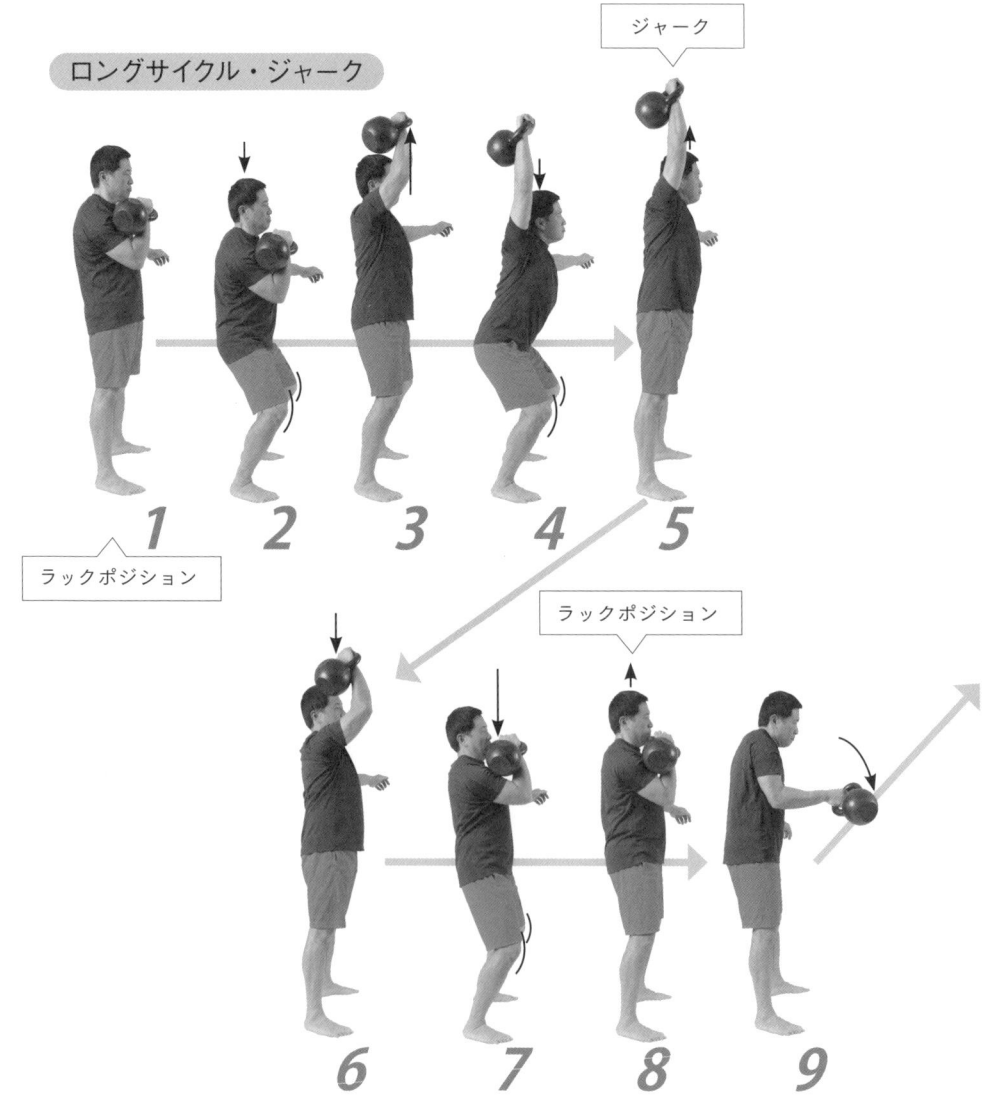

ロングサイクル・ジャーク

ジャーク

1　ラックポジション
2
3
4
5

6
7　ラックポジション
8
9

毎回クリーンすることで、体力の消耗が一段と増します。
　これを男性であれば24kgや32kgで行うと持久力と瞬発力の両方を鍛えることができます。

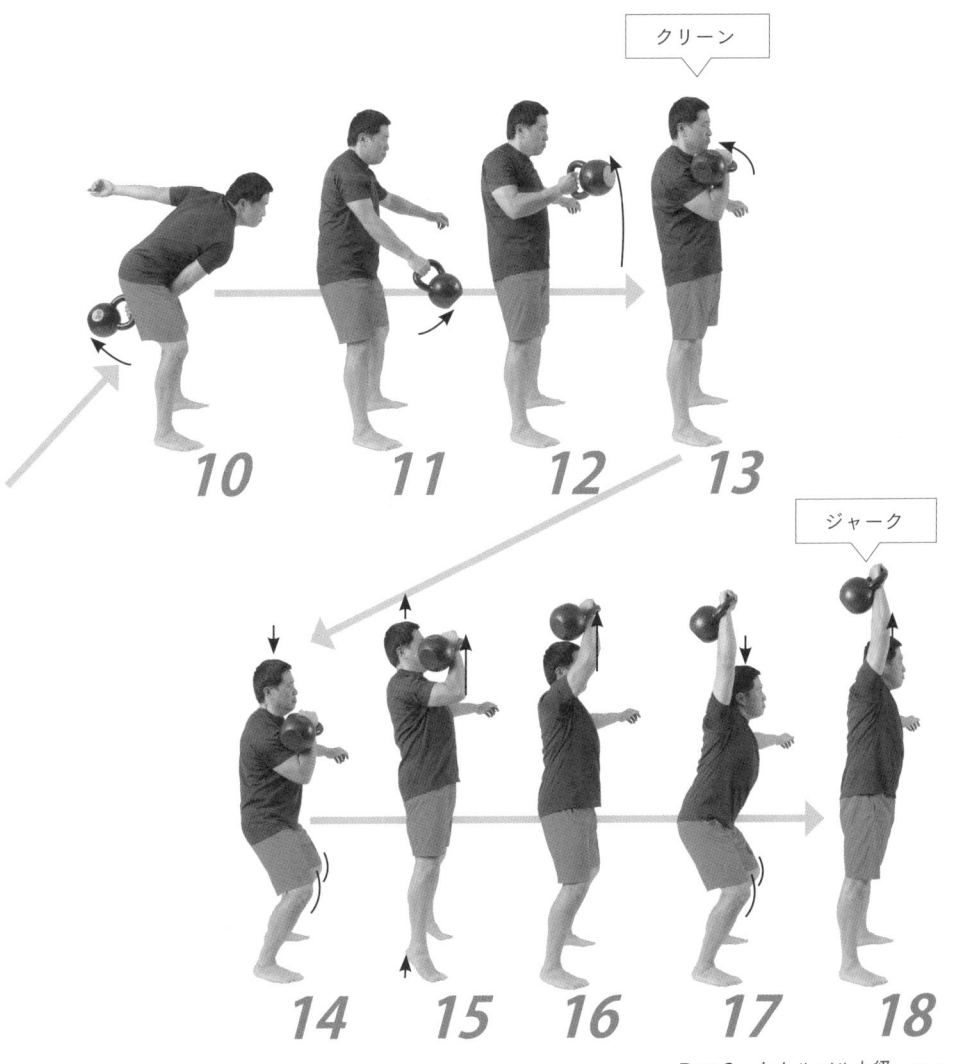

Part.6　ケトルベル上級

タイムセット

　時間を決め、その間ケトルベルを床に置くことなく、目標回数のジャークを連続して行うトレーニングです。
　例えば、1分間を基準にした場合、1分間にできるだけ多くの回数ジャークを行うのではなく、時間を目標回数で割った秒毎に1回挙げることになります。
　1分間に行う回数が少なければ楽になるかと言えば、そうではありません。ラックポジションを維持する時間が長い分、アイソメトリック（静的な筋肉トレーニング）的な要素と持久力が試される、チャレンジ要素があるトレーニングになります。

例
第1週目：1分間に5回のジャーク（右・左）
　右　12秒毎に1回のジャークを1分間
　持ち替える
　左　12秒毎に1回のジャークを1分間

第2週目：1分間に6回のジャーク（右・左）
　右　10秒毎に1回のジャークを1分間
　持ち替える
　左　10秒毎に1回のジャークを1分間

　第3週目以降は、6秒毎に1回（1分間に10回）、5秒毎に1回（1分間に12回）と、挙げる時間間隔を短縮していきます。

　この方法は、ロングサイクル・ジャーク、ダブル・ジャークでも、応用できます。
　スナッチでこのトレーニング法を行う場合、定着姿勢はラックポジションではなく、頭上のオーバーヘッド・ロックアウトになります。ケトルベルを頭上に維持し、決まった秒数毎にスナッチを行うのです。

ダブル・ジャーク

　ケトルベル2つでジャークを行います。2つで行うことにより体幹への波及効果が高まります。
　基本的な動作はジャークと変わりありません。ジャークの2回目のディップ、上からラックポジションへケトルベルを下ろす部分もコツは同じです。
　ダブル・ジャークを行うためには、ダブル・クリーンがしっかりできていることが大前提になります。

使用する重量、回数、セット数
　ラックポジションで背筋をまっすぐに維持できる重量2つで行ってください。
　また、フォームが崩れない範囲の回数、セット数で行ってください。
　フォームとテクニックの洗練が、回数やセット数より優先されます。

　SFGケトルベル・インストラクターのレベル2では、50歳未満男性の場合、32kgのケトルベル2つでのダブル・ジャーク5回を完璧なフォームで行うことを求められます。
　1セットあたり、3〜5回が適切な回数でしょう。セット数も3〜5セットの範囲で行ってください。
　またトレーニング方法としては、ロング・サイクルやタイムセットもそのまま応用できます。

ダブル・ジャーク

ダブル・クリーン

ダブル・ジャーク

1 2 3 4 5 6 7 8 9

ラックポジション

Part.6 ケトルベル上級

流れで見る！ ジャーク

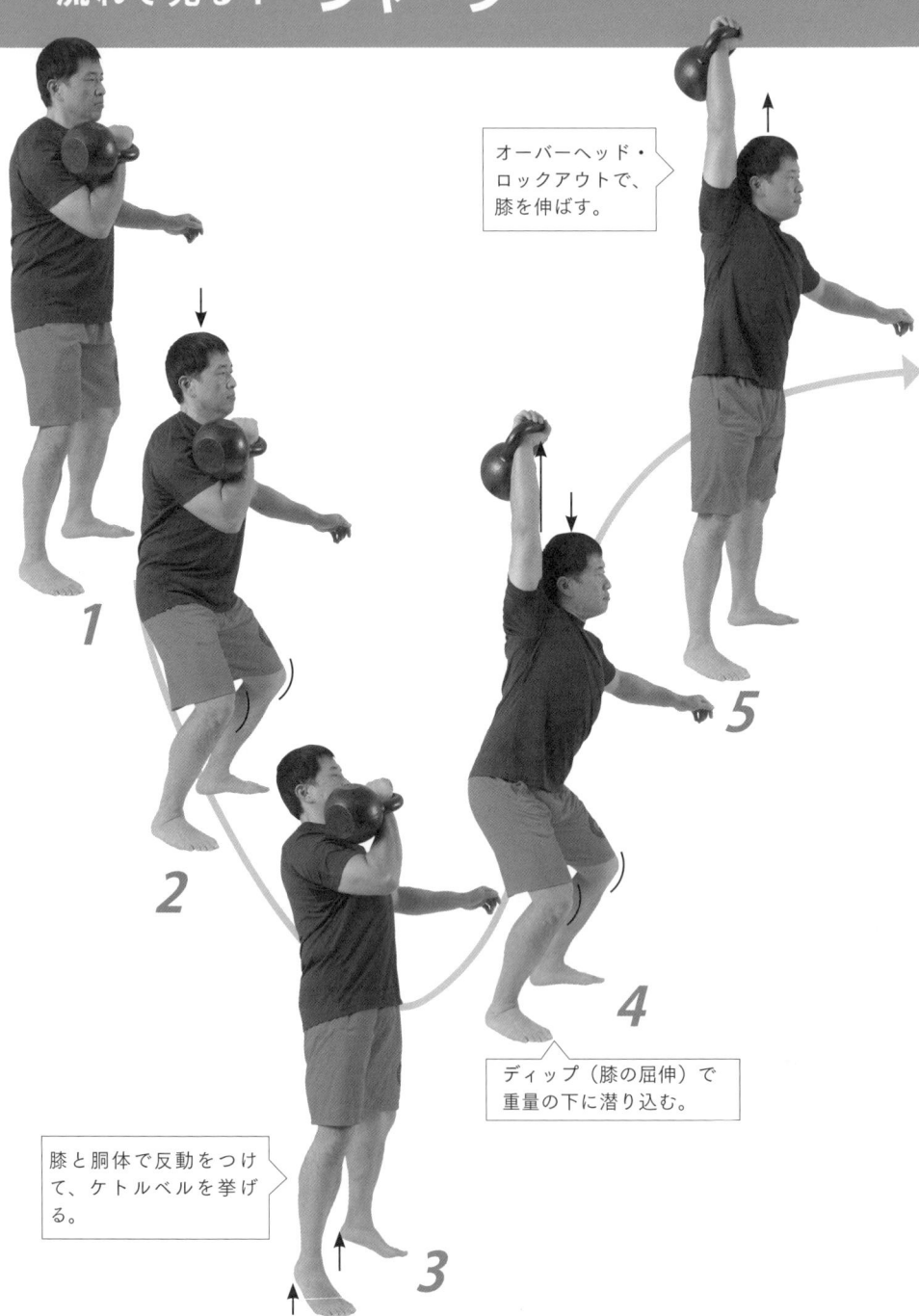

オーバーヘッド・ロックアウトで、膝を伸ばす。

1

2

3
膝と胴体で反動をつけて、ケトルベルを挙げる。

4
ディップ（膝の屈伸）で重量の下に潜り込む。

5

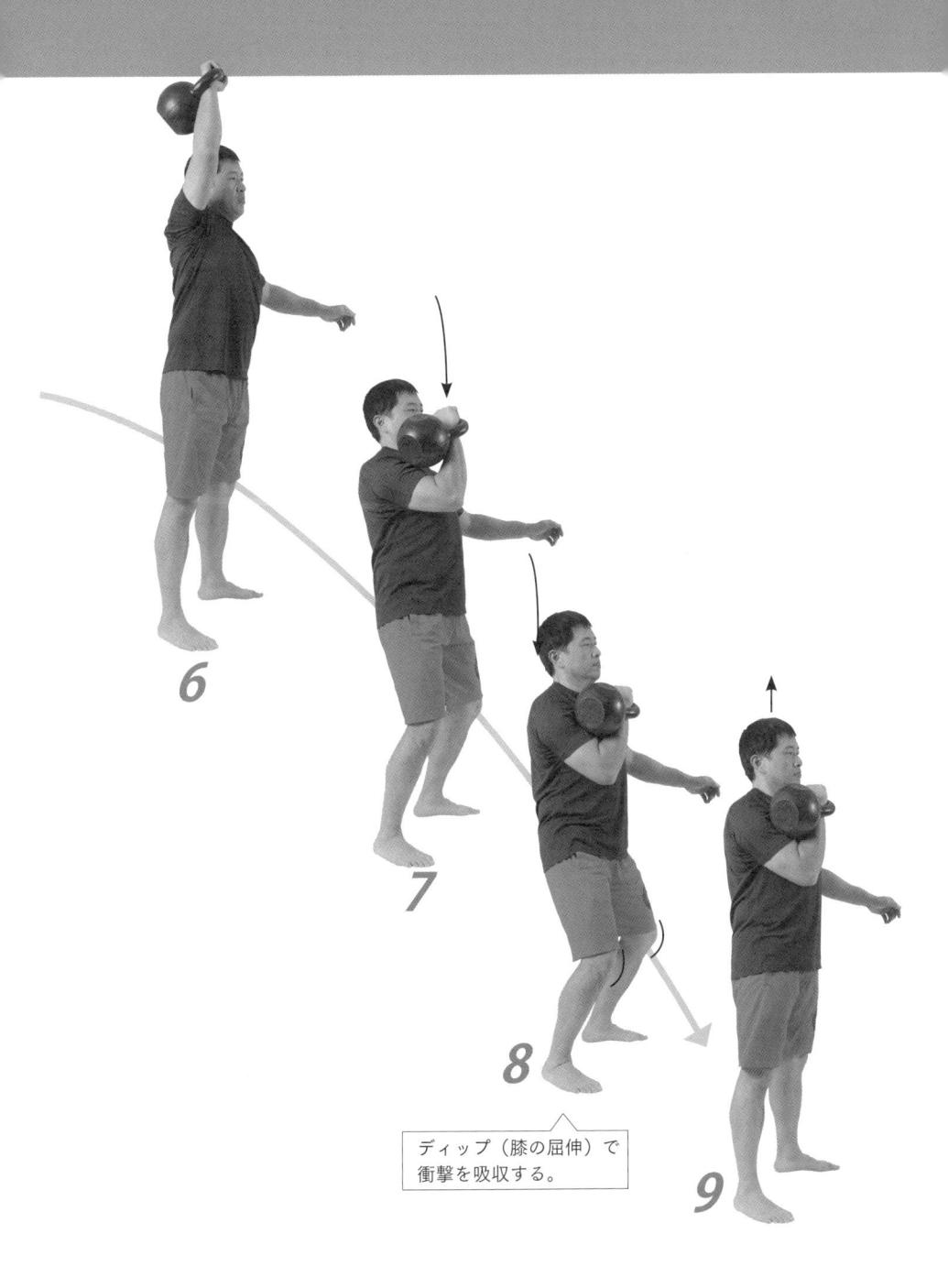

ディップ（膝の屈伸）で衝撃を吸収する。

Part.6 ケトルベル上級 265

2. ベントプレス

　ベントプレスは19世紀末から20世紀初頭にかけて活躍したストロングマン、アーサー・サクソン（右写真）が得意としていた種目です。

　バーベルやダンベルの下へ自分の身体を潜らせるという、一風変わったリフティング方法です。これをケトルベルで行います。

　ベントプレスの最大の特徴は、広背筋を伸ばして重量を挙げることです。

　スイングやミリタリープレスは言うに及ばず、バーベルやダンベル、そして自重トレーニングの大半は、広背筋を収縮させる種目がほとんどです。

　収縮しきった筋肉をベントプレスで伸ばすことで、回復効果を狙うことができます。同時に収縮した筋肉を伸ばすことで、より収縮を促進することもできるのです。

注意点

- ベントプレスを行っていて、痛みが発生しそうな場合は、即中断してください。特に肩関節に負担がかかりやすい種目です。左右の力の差が著しい場合は一方だけ行っても構いません。
- ベントプレスを行うと一瞬とはいえ、頭上に重いケトルベルが位置するため、怖さを味わうことがあります。心理的動揺は禁物なので慣れないうちはパートナーにサポートをしてもらうか、緊急で落としても差し支えない屋外で行ってください。

- ケトルベルを見続けてください。頭の向きは非常に重要です。下を向くとケトルベルも落下する危険があります。上を向くとケトルベルが背中方向へ移動し、安定します。
- 立ち上がる時に肩に窮屈感がある場合、いったんスクワットしてから立ち上がってください。

ニーリング・ベントプレス行うには

　事前にアームバー・シリーズ&モビリティを繰り返してください。アームバー・シリーズはベントプレスのためにあると言っても過言ではありません。アームバー・シリーズ&モビリティのニーリング・ベントプレスをマスターすることが、ベントプレスの習得に直結します。

　ニーリング・ベントプレス（P.166）は、膝立ちで行い、ケトルベルの高さを変えずに自分の頭をケトルベルから離して腕を伸ばすことで、重量の下へ身体を潜り込ませます。

　この動きを立った体勢で行うのがベントプレスです。

　もしニーリング・ベントプレスが最後までできない場合は、できる範囲で何度も繰り返し、可動域を広げてください。

ニーリング・ベントプレス

ベントプレスのフォーム

ケトルベルをクリーンし、足幅を狭め、そのまま肘を後ろまで引きます。

尻を引きながなら、上半身を前へ倒していきます。目線はケトルベルを見続け、脇を締めた状態にします。

肘が伸びたところで、肘をまっすぐにしたまま立ち上がります。

ベントプレス

クリーンでラックポジションになる。

1　2　3　4　5

6　7　8　9

上体を倒していき、重量の下へ潜り込む。

回数、セット数

　回数やセット数にこだわらず、クオリティ重視、つまりテクニックを磨きながら、左右1回ずつ行ってください。

　数年前までは重いケトルベルを推奨していましたが、軽いケトルベルや軽いダンベル、日用品を使って練習しても良いでしょう。

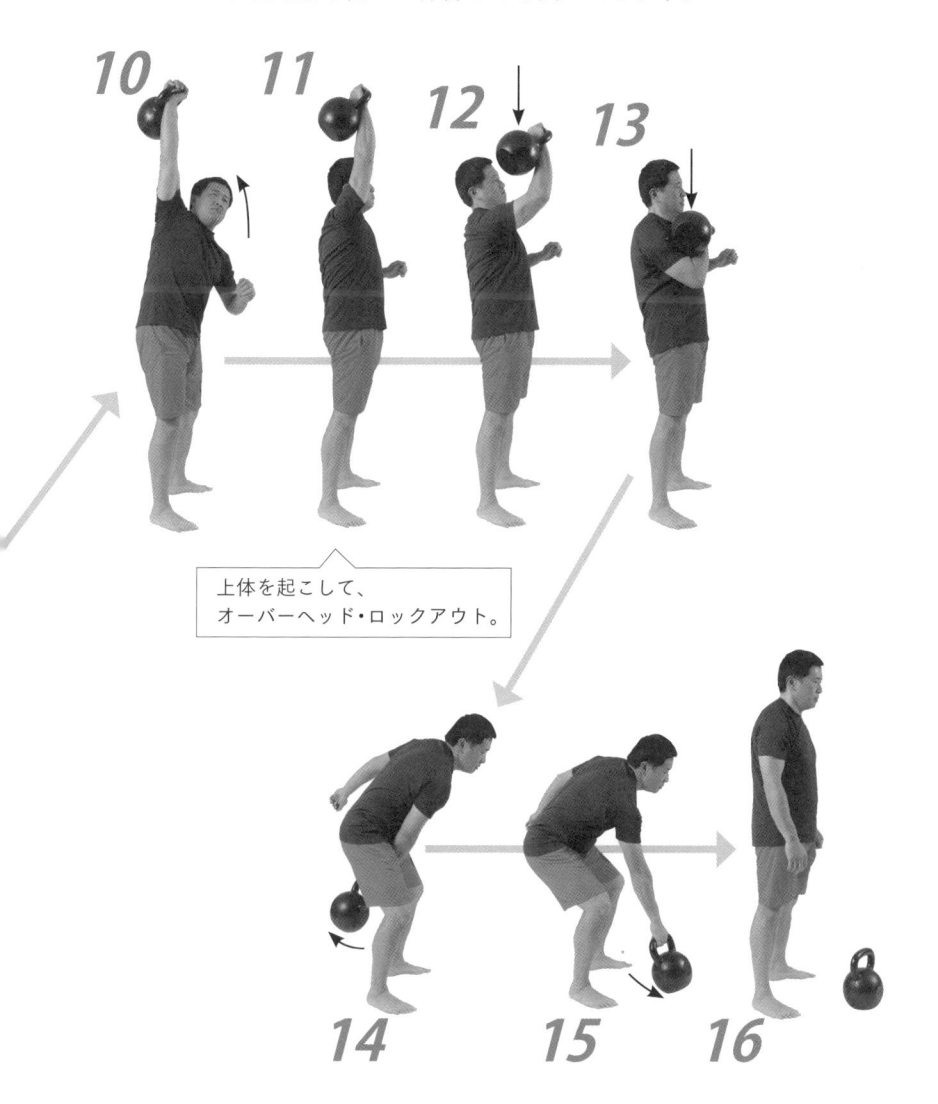

上体を起こして、オーバーヘッド・ロックアウト。

Part.6　ケトルベル上級

ベントプレスのポイント

　ベントプレスは、ケトルベルを手で挙げないことがポイントになります。ケトルベルは不動で、その下へ自らの身体を潜り込ませます。ケトルベルは元の位置のままにして、顔をケトルベルから離していく動きになります。

　よくあるミスは、ケトルベルが頭と一緒に倒れていくことです。

　下の肘を膝につけて、バランスを安定させても構いません。ケトルベルを持つ側の肘がまっすぐに伸びるところまで上体を倒し、腕がまっすぐになったところで立ち上がります。

　肘を膝についても肘がまっすぐにならない場合は、空いている手で反対側の膝を触りに行ってください。すると肘もまっすぐになっていきます。

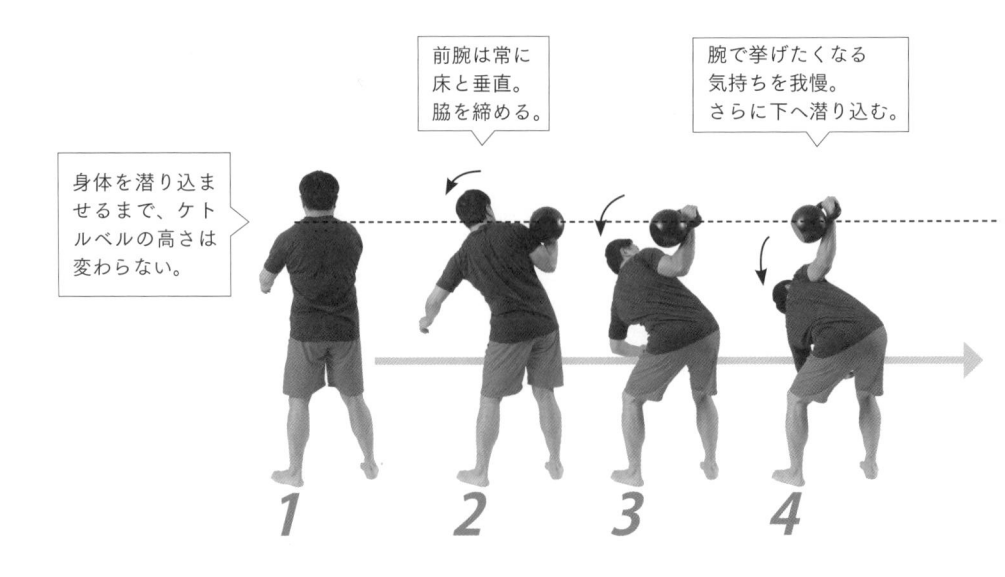

身体を潜り込ませるまで、ケトルベルの高さは変わらない。

肘は膝についてもよい。反対側の膝に触りにいく。

身体を潜り込ませるまで、ケトルベルの高さは変わらない。

前腕は常に床と垂直。脇を締める。

腕で挙げたくなる気持ちを我慢。さらに下へ潜り込む。

1　2　3　4

その他の自分の身体を重量の下に潜り込ませる種目

　ベントプレスと同じく、ゲットアップも身体の部位を少しずつ重量下に潜らせる種目です。

　もし重いケトルベルでゲットアップを行う場合、"挙げる"のではなく、"潜り込ませる"イメージを描いた方が心理的な負担が軽くなります。

　これはミリタリープレスも同じです。24kg、32kg、40kgを上に挙げることを考えるより、逆に自分が無理矢理、重量の下へ入るというイメージを描いた方が楽になるのです。ミリタリープレスの場合、両脚を伸ばしたまま無反動でケトルベルの下へ潜り込むイメージです。すると本来必要な下半身主体の挙げ方に早変わりします。力が肩を境に上と下へ流れていくと考えてください。

腕が伸びたところ。
ここから腕の伸びを
維持して身体を
立てていく。

オーバーヘッド・ロックアウト

オーバーヘッド・ロックアウトとは、頭上で肘をまっすぐにして肩をパックした状態で、ケトルベルを維持することです。

それではここで質問です。
写真は、次のどの種目で頭上へ挙げたものだと考えられるでしょう？　下の体勢から判断してください。

●ミリタリープレス
●プッシュプレス
●ゲットアップ
●スナッチ
●ジャーク
●ベントプレス

回答は……、全部です。

　種目が異なるものでも、頭上へ挙げた時の体勢や条件は一緒です。頭上へケトルベルを挙げるまでの過程、手段が違えど、同じ姿勢に行き着く、ということなのです。
　力やスキル、柔軟性など、自分が持つあらゆる能力で高重量を挙げることが、中級者・上級者向けのトレーニング目標になります。

　オーバーヘッド・ロックアウトの条件は、

・かかととつま先が床に密着している。
・膝をまっすぐにしている。
・尻を引き締めている。
・挙げた腕が耳の横から後ろに位置している。
・胸を上へ突き出し、首をまっすぐにしている。
・肘がまっすぐになっている。
・手首がまっすぐになっている。
・腕と頭の間隔が近い、同時に首と肩の間隔が最大限離れている。

　これを全て満たすためには、スイングとゲットアップを反復することです。尻の引き締めを反復するスイングと、数秒かけてケトルベルを頭上へ挙げるゲットアップが基本になります。

流れで見る！ ベントプレス

クリーンでラックポジションになる。

1

2

3

上体を倒していき、重量の下へ潜り込む。

4

上体を起こして、
オーバーヘッド・ロックアウト。

腕が伸びきるまで、
腕で挙げないように注意。

Part.6　ケトルベル上級　275

Part 7

トレーニング手法

※この章の内容は、より深く学びたい人のために、トレーニング手法やプログラムの作り方などを紹介しています。

1. トレーニングと生理学

ケトルベルと筋肉の肥大

　時折、「ケトルベルでは筋肉は大きくならない」という話が飛び交うことがあります。しかし、私はケトルベルのみで筋肉肥大を達成している例を多く見ています。

　そこで筋肉を大きくすることがどのようなことか、トレーニング理論の大家である、メル・シフ博士の『スーパートレーニング（*Super Training* by Mel Siff)』を参考に、筋肉の肥大について考えてみましょう。

　基本的に、筋肉肥大が起きた状態とは、筋線維を太くするか、その隙間を埋める筋形質を膨らませるか、どちらかになります。

●筋線維分節筋肉肥大
　筋線維分節の増加、肥大によって筋原線維が太くなる。これが複数発生すると筋肉単体の収縮力が高まり、筋力の増加につながる。

●筋形質筋肉肥大
　筋線維の間を埋める非収縮性のたんぱく質や筋形質が増量する。筋線維に影響なく、筋肉単体での収縮力（つまり力）の増加はない。

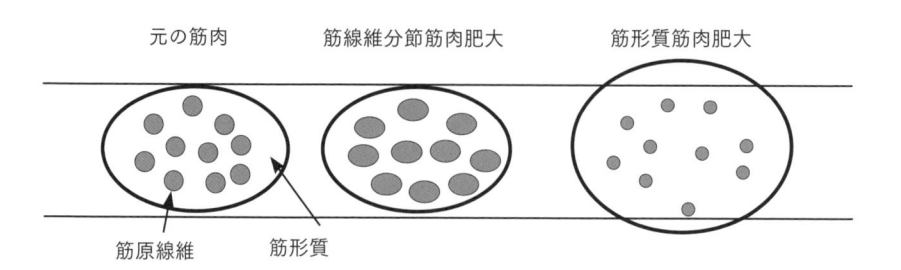

|元の筋肉|筋線維分節筋肉肥大|筋形質筋肉肥大|

筋原線維　筋形質

どちらの筋肉肥大を選ぶかは、トレーニング次第で、セット数と回数、休憩時間などでコントロールできます。
　例えば、格闘技の試合があり、体重クラス別で計量があるため減量しなければならないため、力はつけたいが筋肉を増量したくない、という場合もあるでしょう。この場合は、筋線維肥大を目指すことになるので、1つのセットでの筋肉疲労が収まるまで待ってから、次のセットを行うと良いでしょう。

トレーニングと回復

「トレーニングは週3回、1日おきで筋肉痛がおさまるまで」
　これはトレーニングの定番で、「週3回で日を空け、筋肉痛が収まるまでトレーニングしない」というものです。
　実は、この定番理論は、実は欧米のスポーツジムが、会員が毎日来場して混雑してしまわないための、混雑対策から始まったと言われています。私の経験から言えば、連日トレーニングを継続しても問題ありません。

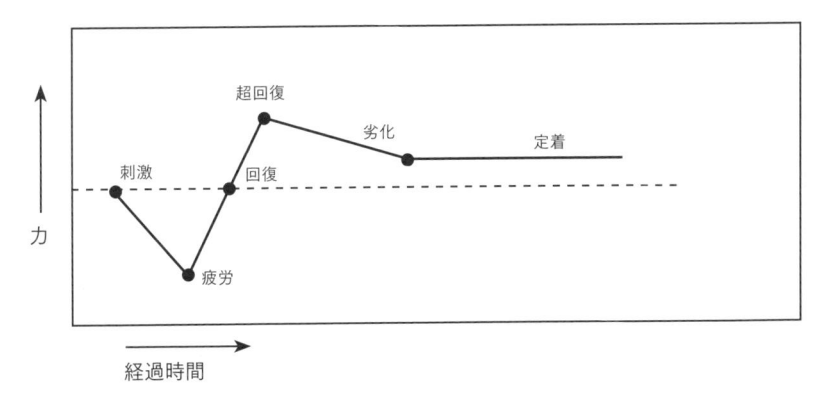

　表で使われている用語は以下の通りです。
- ●刺激──トレーニングで身体を鍛える。
- ●疲労──筋肉や体内の機能が疲れる。
- ●回復──栄養摂取や睡眠、その他回復トレーニングによって体を修復していく。
- ●超回復─体が以前の状態を超えて回復し、力がピークになる。
- ●劣化──力が衰える。
- ●定着──力のレベルが安定する。

基本的に、このサイクルで人間の力は向上していきます。

定着まで待ってトレーニングを再開することもあれば、回復〜超回復の段階で行うこともあります。

見落としがちなのが、この劣化部分です。超回復後に力が飛躍的についたにも関わらず数日、数週間経つと同じ力が再現できない。これは人間の身体が基本的に楽な方向へ定着したがるからです。

「強くなるとは自然に反する行為だ。」

パベル・ツァツーリン

強くなるには、回復時期を示す点線を越えた時に、次のトレーニングを行います。

劣化に転向するタイミングまでに、次のトレーニングを行った方が効率的なのです。

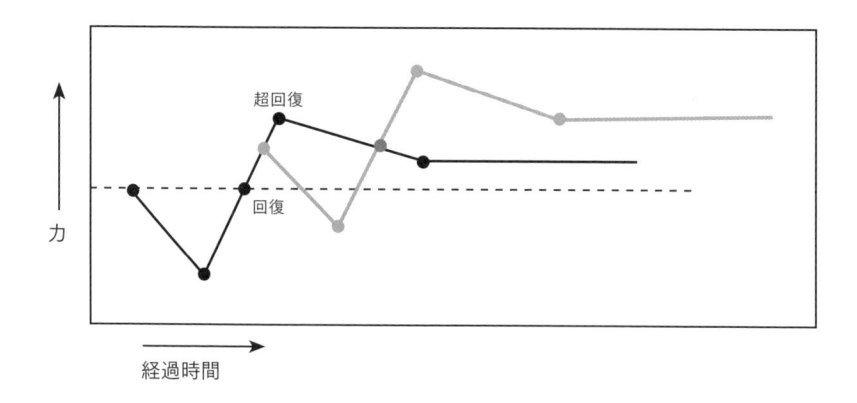

- ——— 通常の超回復のパターン
- ——— 回復時期を越えた直後にトレーニングを行ったパターン

トレーニングを快適に

　一般にトレーニングはハードなものというイメージがあります。重いバーベルを大声あげて動かす動画など見ればそうした印象を持つのも無理はありません。
　しかし、私の経験上トレーニングの80パーセントは精神的な心地よさを感じることが大切だと思っています。ストレス解消に留めておく程度にトレーニングした方がよいのです。
　そして残り20パーセントをハードなトレーニングに充ててください。

残り20パーセントは……
　何かを追い込むには、残り20パーセントのトレーニングをどのように使うかが成長の鍵になります。さらに重いケトルベルを挙げるにはトレーニング全体の量を20パーセントまで落として残り80パーセントを回復やアクティブ・リカバリー（超回復）に充てる方が良いのです。
　特に競技向けにトレーニングを行う場合は、こうした方法が効果的です。

「できるだけ頻繁に、
　かつ疲れない程度にトレーニングする。」

パベル・ツァツーリン

　このように頻繁にトレーニングしながら、疲れない程度に抑える。これが効果的で長続きするトレーニングの秘訣です。

どのように疲れを知るか
　筋肉痛が発生しても元気であれば、トレーニングを休まず継続してください。もちろん睡眠不足に悩まされている、まばたきの回数が増えた、神経から来る疲労が抜けないなどの現象が発生した場合は、休んでください。
　よくわからないという方は、仰向けになってリラックスした時の心拍数と、立った時の心拍数を測定しましょう。その差が16以上の場合は、明らかな

疲労の目安になります。

　必ず快適な睡眠をとってください。睡眠はどのサプリメントや食事にも勝ります。

トレーニングでは「水」をとる

　スポーツドリンクやゼリー状の飲料が数多く出回り、トレーニングやスポーツ向けに摂取することが推奨されています。

　確かに長距離走や登山には重宝しますが、トレーニングではできるだけ水、H_2Oを飲みましょう。水道水でも2リットル100円前後の飲料水でも構いません。

　何か理由があるのであれば別ですが、あえてスポーツドリンクにお金をかける必要はありません。

広背筋とケトルベル

「濶背筋（広背筋）の発達とその膨張力は
真に偉大（驚き）なるものにて
人智の創造も及ばぬ不可思議な力を蔵するものなり。」

若木竹丸（昭和初期日本のボディービルダー）

　ケトルベルを語るにあたり、上半身最大の筋肉、広背筋を語らないわけにはいきません。ここがパワーの原動力であり、下半身と上半身の連動をつなぐ中継点です。

　広背筋の役割は様々で複雑ですが、ケトルベルのトレーニングでも重要な役割を持っています。

　広背筋は、背骨、腰、腸骨、肋骨、肩甲骨下角に起点があり、上腕に終点があります。この筋肉は、高重量物を挙げる時に土台として力を発揮し、その伸縮力は日常の動きから武道、スポーツまで、ほとんど全ての動きに関与しています。

　広背筋の役割は、腕を内転させながら後ろへ下ろす。二次的な役割として肩関節を伸ばし、背筋をまっすぐに維持することです。

　腕を上から振り下ろす、あるいは振り下ろす動作に抗力を加えた時に感じる背中の張りとして、その存在を感じ取ることができます。

　また胸の前で棒の両端を両手で握り、棒を折るようにして力を加えてもまた、同様の感触が得られます。

　広背筋を活用するには次の条件を満たしていなければなりません。

・背筋がまっすぐになっていること。
・肩関節と広背筋の距離が近いこと。
・耳と肩との距離を離さなければならない。

　広背筋の伸縮力が高い、つまり強いことが身体の強化につながります。収縮した広背筋は腕に力を伝え、手や腕にかかった負荷に対抗する形で土台の役割を担います。

その一方で広背筋は認識しづらい筋肉です。腕の力に広背筋を応用すると言っても、腕だけの動きでは広背筋を動員することができません。肩を広背筋の上部に押し付けることで初めて、広背筋を使うことが可能になります。

そのため、ケトルベルのテクニックを利用して、様々な形で広背筋がどこにあり、どう働いているかを感じ取る、という自分の身体への模索が強くなる早道でもあります。

比較的簡単に広背筋の働きを感じるには、両腕を前に伸ばし、左腕で上から右腕を下ろそうとしつつ、右腕でそれに抵抗します。この時に働くのが広背筋です。

では、ケトルベルでどのようにこの筋肉が使われるでしょう？

まずはスイングで尻を引き締めるという動作。これが広背筋に連動しています。

大臀筋と広背筋とは物理的につながっていませんが、大臀筋の収縮によって広背筋の収縮が発動されます。

ケトルベルのスイングで広背筋が刺激されるのはそのためです。

ケトルベルで広背筋がどのように活用されるか、また広背筋をどう意識すればよいか見てみましょう。

ベントアームバー

広背筋の位置を確認するには、ベントアームバーを行います。

背筋をまっすぐにし、手のひらを顔の方へ向けて肘を下します。

この時、肩甲骨の下に収縮を感じ取ります。

このあたりに広背筋の収縮を感じる。

スイング

スイングでは、振り下ろした時に広背筋が伸び、振り挙がった時に収縮します。1日数十回、1週間にして数百回、広背筋が重量につられて伸縮する。これだけでこの上半身最大の筋肉が強化されます。

広背筋が伸びる。

広背筋が縮む。

ミリタリープレスと棚の意識

広背筋の意識がないとうまくできないのが、ミリタリープレスです。

肩のパックとゲットアップをマスターしなければならない理由が、ここにあります。

ミリタリープレスの意識のポイントは、肩を広背筋の上に乗せることです。

ケトルベルを上へ挙げると言うと、肩そのものを上に挙げてしまいがちですが、浮いた肩は弱い肩です。

肩を下げ、肘を挙げる。この時、広背筋を棚だとイメージして、広背筋の上へ肩を乗せます。こうしたイメージを描くだけで、重いケトルベルも挙がるようになります。

ミリタリープレスでは、肩を広背筋の上に乗せる意識があると、重いケトルベルも挙がるようになる。

ダブル・フロント・スクワット

　立った状態では、人体で最も強い大臀筋がケトルベルを支えますが、しゃがむにつれて大臀筋が緩くなっていきます。

　つまりスクワットすると、ケトルベル2つを胸元に維持する力がどんどん減っていくのです。

　ここで試されるのが、上半身で最も大きい筋肉である広背筋です。32kg 2つであれば、合計64kgの重量が前へ傾倒しないよう、広背筋がバランスを維持するのです。是非、試してみてください。

ベントプレス

　ベントプレスは広背筋を活用する代表的な種目です。スイング、ミリタリープレスで広背筋を引き締めた後、ベントプレスで思い切り伸ばしてみてください。

身体の上下をつなげるX（エックス）

　右腕でケトルベルを挙げた場合、力の原点は左足からです。右足から背中の広背筋を中継して、左肩〜左腕へ力が伝達していくのです。同様に、左腕の原点は右足です。つまり、力の流れは対角線を描いているのです。

　広背筋は下半身と上半身をつなぐ位置にあるため、右足の動力を左腕へ、左足の動力を右腕へ伝える中継点を担います。

　歩行中に右足を前に出した時に、左手が後ろへ下がっている、という動作にも、その現象を見ることができます。走る、水泳、投球、キック、パンチ等、これらを改めて見直せば、全ての動作の中に広背筋が関与していることがわかります。

　ケトルベル2つを使ったダブル種目では、この身体を上下でつなぐ左右2つの対角線を組み合わせた「X」を使います。

　この「X」を活用するためには、その横幅をなるべく狭める必要があります。ダブル・ミリタリープレス、ダブル・フロント・スクワット、ダブル・ジャークなど、いったん胸元へケトルベルを収納したら、足幅を少し狭めて、肩幅程度にしてください。すると「X」の幅が狭まり、安定したフォームでトレーニングができます。

2. トレーニングメニュー

回数とセット数について

　ケトルベルの種目はグラインダー種目とバリスティック種目によって大きく分けられ、その区別によって適切な回数とセット数も変わります。

- グラインダー………全動作に筋肉を収縮する種目。ミリタリープレス、ゲットアップ、スクワットなど、反動を使わない動きです。
- バリスティック……ケトルベルの醍醐味でもある反動を利用した種目です。スイング、スナッチ、ジャーク等。

グラインダー

　グラインダー種目は筋肉の消耗が早いため、1セットあたりの回数が少なくなります。概ね1セットあたり1～5回程度になるでしょう。

　一般にベンチプレスの定番は、10回3セットです。第二次世界大戦中、アメリカのトーマス・デローム博士が、従軍兵士の規模やスケジュールに合わせて、トレーニングを10回×3セットに定着させたのが戦後も残り、定番化されたと言われています。

　仮にベンチプレスを5回行った場合、最大出力は2回目に発揮されると言います。なぜなら、1回目は身体が慣れていないため、身体が整った2回目に最大限の力を出し、3回以降は次第に力が減っていくそうです。

　ケトルベルのグラインダー種目も、この2回目が重要となり、その上で、

　　筋肉増量の場合 ─── 1セットあたり2～5回
　　パワー増強の場合 ─── 1セットあたり1～3回

が適当と言えるでしょう。ミリタリープレスを例に出すと、もし筋肉増量を

目的とする場合、5回×5セットが、また、パワー増強を目的とするの場合は、1〜3回を10〜15セットが良いでしょう。どちらも低回数高セット数が基本になります。

セット間の休憩でも効果に偏りが生じます。休憩が短いほど持久力と筋肉増量が期待でき、休憩を3〜5分とするとパワーや瞬発力の増強が期待できます。
　10分以上になると、動きのスキルを磨く効果がありますが、それがパワーの増強につながるとは言い切れません。
　また、人間が身体で一度に習得できるスキルは限定されるため、他種目をあまり行わないことが前提になります。

セット間休憩

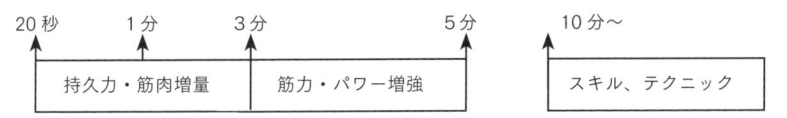

20秒 〜 1分	1分 〜 3分	3分 〜 5分	10分〜
持久力・筋肉増量	筋力・パワー増強		スキル、テクニック

セット間の休憩にも、次のセットの下準備ができます。直感で「これだ！」と思ったものを取り入れてください。重要なのは心拍数を一定に維持することです。
　ただし、10分以上行う場合は完全に休んでください。
●筋肉をほぐす。身体を揺らす、振る等簡単な動きです。
●トレーニングに関連する部分を軽くストレッチする。
●関節をほぐす。
●アームバー・シリーズ＆モビリティを取り入れる。

バリスティック

スイング、スナッチ、ジャークのように反動を利用するバリスティックな種目は、筋肉の完全収縮の瞬間が少ない分、多くの回数ができます。

ただし、テクニックがまだまだの方は1セットあたり5〜10回に限定してください。特に片手で行うワンアームスイングは、あまり高回数を行うと下背部に痛みを伴うことがあります。左右5〜10回ずつ位が良いでしょう。

バリスティック種目のスキルをある程度磨き、7割程度できたと感じた場合、1セットあたり10〜20回行ってください。セット数は、その日に身体で感じたままを日常的に行い、ここぞと思ったところでその2割増しのセット数を行うと良いでしょう。

セット間の休憩時間は、スイングの場合は10秒〜3分、スナッチやジャークのように身体全体に負荷がかかる場合は10秒〜5分が良いでしょう。

下に紹介したような例で、ツーアームスイングを1日200回行う設定でセット数と回数に変化を加えるだけで効果が数段上がります。

月	ツーアームスイング	10回×20セット	＝	200回
火	ツーアームスイング	20回×10セット	＝	200回
木	ツーアームスイング	5回×40セット	＝	200回
金	ツーアームスイング	20回×5セット	15回×4セット	
		10回×4セット	＝	200回

同じ200回でも、回数、セット数、セット間の休憩を変えるだけで、身体へ常に刺激を与え続けられます。終始10回×20セットを1週間と決めて続けても効果は少ないです。

このパターンに慣れたら、次の週は合計回数を220〜240回に増やします。

トレーニングの心得

大事なのはトレーニング計画を立てる前にテクニックを磨くこと
　間違ったケトルベルのやり方を続けていても、効果は全くあがりません。完璧なフォームを反復して継続することが、トレーニング成果につながるのであり、不完全なフォームは不完全な成果しか生みません。
　ですからトレーニング・プログラムを組む前に、まず以下のテクニックを磨きに磨いてください。テクニックを磨けばそれだけ効果が出ます。

- ●デッドリフト
- ●スイング ── ツーアーム、ワンアーム
- ●ゲットアップ
- ●アームバー
- ●ゴブレット・スクワット

　週2～5回、気が向くままに、回数、セット数をこなしてください。
　トレーニング時間は45分以内、かつ疲労困憊にならない程度に抑えましょう。

・1日45分以内のトレーニングに抑える
・疲労を起こさない
・週2～5回のトレーニング

原則を守りつつ毎回変化をつける

　トレーニングの回数、セット数は毎回変えてください。使用するケトルベルの軽い日と重い日、低回数の日と高回数の日など、1週間を通して内容にばらつきができるようにしましょう。

　週3日のトレーニングであれば、3日とも10回を5セットではなく、3日のうち1日目は12回を3セット、2日目は10回を5セット、3日目は8回、9回、10回、11回の4セットを行うなど、絶えずトレーニングに刺激を加えてください。

　負荷を増やすことと、減らすこと、どちらの変化も必要です。

忙しい人は毎日トレーニングすること

「忙しい」という理由でトレーニングをしない人、できない人は、「毎日」トレーニングする心構えでいてください。

　忙しい人がトレーニングを週3日に設定すると、結局1日もできない週が発生しがちです。

　コツは毎日のある時間帯、ある場所で行うことを決めておくことです。忙しいわけですから、当然、仕事や他の事情でトレーニングができない日が出てきます。すると、概ね週3〜5日のトレーニングに落ち着くでしょう。

　毎日トレーニングに挑んで、毎月12〜21日程度できれば上出来です。

初心者向け2ヶ月のトレーニング例

週3日から4日をトレーニングに充てます。4日のうち1日は、できなかった回数やセット数の予備日として使うか、バラエティー種目を行います。ミリタリープレスやスナッチの練習に充てても構いません。

バラエティー種目は、お楽しみ要素を加えたトレーニングです。

第1週　1日目　ケトルベル・デッドリフト　5回×3セット
　　　　　　　ツーアーム・スイング　10回×4セット
　　　　　　　ハーフ・ゲットアップ　左右5回×1セット

　　　　2日目　ケトルベル・デッドリフト　5回×1セット
　　　　　　　ツーアーム・スイング　7回×3セット
　　　　　　　ハーフ・ゲットアップ　左右3回×1セット
　　　　　　　アームバー　左右1回

　　　　3日目　ケトルベル・デッドリフト　5回×5セット
　　　　　　　ツーアーム・スイング　10回×5セット
　　　　　　　アームバー　左右1回

　　　　4日目　バラエティー種目
　　　　　　　やり残した種目、回数を行う

第2週　1日目　ケトルベル・デッドリフト　5回×2セット
　　　　　　　ツーアーム・スイング　10回×3セット
　　　　　　　ワンアーム・スイング　左右5回×2セット
　　　　　　　ハーフ・ゲットアップ　左右5回×2セット

　　　　2日目　ケトルベル・デッドリフト　5回×2セット
　　　　　　　ツーアーム・スイング　10回×3セット
　　　　　　　ワンアーム・スイング　左右5回×2セット
　　　　　　　ゲットアップ　左右1回×1セット

　　　　3日目　ツーアーム・スイング　10回×2セット
　　　　　　　ワンアーム・スイング　左右5回×3セット

　　　　4日目　バラエティー種目
　　　　　　　やり残した種目、回数を行う

第3週　1日目　ツーアーム・スイング　12回×3セット
　　　　　　　ワンアーム・スイング　左右7回×2セット
　　　　　　　ゲットアップ　左右1回×3セット

　　　　2日目　ツーアーム・スイング　12回×3セット
　　　　　　　ワンアーム・スイング　左右7回×3セット
　　　　　　　ハーフ・ゲットアップ　左右5回×1セット
　　　　　　　アームバー　左右1回

　　　　3日目　ワンアーム・スイング　左右7回×2セット
　　　　　　　ゴブレット・スクワット　5回×4セット

　　　　4日目　バラエティー種目
　　　　　　　やり残した種目、回数を行う

第4週　1日目　ツーアーム・スイング　5回、7回、10回、5回、7回、10回
　　　　　　　アームバー　左右1回

　　　　2日目　バラエティー種目

初めてのケトルベル・トレーニングを3週間行うと、4週目に疲労が出てくるので、この週は2日に減らします。4週間目を完全オフにすることもできます。

第5週　1日目　ツーアーム・スイング　7回、10回、12回、7回、10回、12回
　　　　　　　ワンアーム・スイング　左右5回、7回、5回、7回
　　　　　　　ゲットアップ　左右1回×3セット

　　　　2日目　ツーアーム・スイング　10回、12回、15回、10回、12回、15回
　　　　　　　ゴブレット・スクワット　5回×5セット

　　　　3日目　バラエティー種目
　　　　　　　やり残した種目、回数を行う

　　　　4日目　ゲットアップ　左右1回×5セット
　　　　　　　ワンアーム・スイング　左右5回、7回、5回、7回

第6週	1日目	ツーアーム・スイング　10回、12回、15回、10回、12回、15回
		ワンアーム・スイング　左右5回、7回、10回、5回、7回、10回
	2日目	ワンアーム・スイング　左右5回、7回、10回、5回、7回、10回、5回、7回、10回
		ゴブレット・スクワット　5回×5セット
	3日目	ゲットアップ　左右1回×3セット
	4日目	バラエティー種目
		やり残した種目、回数を行う
第7週	1日目	ツーアーム・スイング　12回、15回、17回、15回、17回、20回
		ワンアーム・スイング　左右7回、10回、7回、10回
	2日目	ツーアーム・スイング　15回、17回、20回、15回、17回、20回
		ワンアーム・スイング　左右5回、7回、10回、5回、7回、10回、5回、7回、10回
		ゴブレット・スクワット　3回×3セット
	3日目	ゲットアップ　左右1回×5セット
	4日目	バラエティー種目
		やり残した種目、回数を行う
第8週	1日目	ツーアーム・スイング　15回、17回、20回、15回、17回、20回
	2日目	ワンアーム・スイング　左右7回、10回、12回、7回、10回、12回
	3日目	ゲットアップ　左右1回×3セット

　8週終わった後、普段の生活中や、長距離を歩いて前と比べてどうか、あるいは少し走ってみるなど、身体を動かして効果を確かめてください。
　スポーツや武道などを行っている方は、トレーニング以前との違いが出ているか確かめてください。

3. 様々なトレーニング手法

「どんなトレーニングもやれば効く。
　しかしいつまでも効かない。」

　ケトルベルは、どのような回数、セット数でも効果を発揮します（もちろん、テクニックを磨くことに集中し、常識の範囲内のトレーニング量であれば、という但し書き付きですが）。
　次にいくつか実証されているメジャーなトレーニング・プログラムをいくつかご紹介します。大体2ヶ月を限度に継続できるようにできています。
　2ヶ月を超えて同じトレーニングを継続していくと、効果が横ばいもしくは下降傾向に転ずることがあるので、トレーニング・パターンに変化を加えてください。

HOC トレーニング── High Octane Training

　ケトルベル種目のセットと、有酸素運動を交互に行うトレーニング方法です。例えば、格闘技をしている人であれば、スイングの間に、疲労に追い込まない程度のシャドーボクシングを取り入れて、数セット行います。他のスポーツでも、競技の基本動作やランニングなどを取り入れると良いでしょう。
　スイングが競技のどういった動作に効くのか、ある程度実感できます。また、心拍数を一定に維持するため、心肺機能向上のトレーニングにもなります。

例：ツーアーム・スイング　10回
　　シャドーボクシング　1分
　　ツーアーム・スイング　10回
　　シャドーボクシング　1分

EDT —— Escalating Density Training

　EDT（Escalating Density Training）とは、段階的に重量を上げるトレーニングです。筋力、持久力もさることながら、筋肉量を増やすのに適しています。

　チャールズ・ステイリーというトレーナーが発案したものですが、本来、バーベルや自重トレーニング等に使われていた方法です。

① 　筋肉動作が対となる種目を2つ選びます。ダンベルで言えばカールとトライセプエクステンション、バーベルで言えばベンチプレスと懸垂（押す・引く）の関係です。
② 　タイマーを15分に設定し、①の2種目を1セットずつ交互に行っていきます。休憩は幾らとっても構いません。
③ 　1セット終わる毎に行った回数をそれぞれ記録していきます。
④ 　15分経過後、終了して2種目それぞれの合計回数を算出します。
⑤ 　また別な種目を2つ選び、5分休憩の後再開します。1日2つが限度でしょう。
⑥ 　1週間以内に全く同じ組み合わせで再び15分行い、今度は④で算出した合計回数を上回るよう休憩時間を短縮し、1回でも多く行います。

　これをケトルベルに適用すると次のような組み合わせになります。

ケトルベル1つで行う種目
●ミリタリープレス（左右）—— スナッチ（左右）

ダブル種目
●ダブル・ミリタリープレス —— ツーアーム・スイング
●ダブル・ミリタリープレス —— ダブル・フロント・スクワット

注意点

●使用重量はバリスティックで7〜10回、グラインダーで5回挙がるものを選択します。

・1種目で力尽きた場合、もう1種目を継続します。それも出来なくなった場合は15分経っていなくても終了します。次回、再チャレンジです。

・合計回数を記録していきます。回数が以前より減っても10%内であればOKです。もしそれより回数が減っている場合、疲労回復が追いついていない、重量が重過ぎるなどが考えられます。休養をとるなどの措置を取ってください。

・初めから飛ばしすぎると次回のノルマが大変になります。ゆっくりマイペースで行ってください。

・種目にもよりますが、1セット最大5回ほどを目安にしてください。

・1セットあたりの回数は、時間経過に従って疲労などで減っていきます。

・週3回に留め、他のトレーニングはあまり行わないのが得策です。

EDT 実施中はこのような記録用紙があると便利です。左側が回数で、セット終了毎に該当回数の行に印をつけていきます。

	ダブル・ミリタリープレス		ダブル・フロント・スクワット
5	✓✓✓	5	✓✓✓
4		4	✓✓✓
3	✓	3	✓
2	✓✓	2	
1	✓	1	✓
合計	23	合計	31

ケトルベル・ミリタリープレスを行った合計回数の例は、このような形で3週間で次第に増えていきます。

4月23日　　左右27回ずつ
4月27日　　左右37回ずつ
5月1日　　　左右41回ずつ
5月6日　　　左右46回ずつ
5月15日　　左右52回ずつ

睡眠と栄養摂取が成功の秘訣です。

デンシティ・トレーニング —— Density Training

　Density Training とは、合計の回数は同じでも、徐々にセット数を減らし、連続で行う回数を高めていくトレーニングです。スイングやスナッチの回数密度を少しずつ上げていき、持久力を高めます。あらかじめ合計回数を設定し、セットあたりの実施数を1週間毎に増やしていきます。

　合計回数が一定で、1セットあたりの回数が増えるので、次第にセット数が減っていきます。例えば合計120回に設定した場合は、次のようになります。

例：ワンアーム・スイングを合計回数 120 回
第1週　10回×12セット
第2週　12回×10セット
第3週　15回×8セット
第4週　20回×6セット

インターバル・トレーニング

　インターバルタイマーを20秒と10秒に設定し、スイング20秒、休憩10秒を8ラウンド繰り返します。

　この20秒と10秒だけではなく、30秒スイング30秒休憩、10秒スイング10秒休憩など、その組み合わせは様々です。

　インターバル・トレーニングを行う際は、次の点に注意してください。

・ツーアーム・スイング、ワンアーム・スイング、スナッチ等、反動を利用する種目に限定する。
・ミリタリープレスやゲットアップなど筋肉のテンションを終始要する種目にインターバル・トレーニングを使わないでください。
・途中で身体に痛みが走る、体調に異常を感じた場合は無理せず中断してください。我慢して継続するメリットはありません。
・あらかじめ繰り返すインターバル数を決めてください。

心拍数トレーニング

1分間、100bpm以上の計測ができるスポーツ用心拍計を身に着けてスイングをします。1セット終了後、ある心拍数まで下がった時に次のセットを再開します。

例：　　1セット目　ワンアーム・スイング　10回
　　　　　　心拍数110bpmに落ち着いた時点で2セット目を開始
　　　　2セット目　ワンアーム・スイング　10回
　　　　　　心拍数110bpmに落ち着いた時点で3セット目を開始
　　　　3セット目　ワンアーム・スイング　10回
　　　　　　心拍数120bpmに落ち着いた時点で4セット目を開始
　　　　4セット目　ワンアーム・スイング　10回
　　　　　　心拍数120bpmに落ち着いた時点で5セット目を開始
　　　　5セット目　ワンアーム・スイング　5回
　　　　　　心拍数130bpmに落ち着いた時点で6セット目を開始
　　　　6セット目　ワンアーム・スイング　5回
　　　　　　心拍数130bpmに落ち着いた時点で7セット目を開始
　　　　7セット目　ワンアーム・スイング　5回

注意点
・ミリタリープレスやゲットアップで心拍数が大幅に上がることはあまりありません。スイングやスナッチに適用してください。
・高血圧や心臓に持病がある方は実施しないでください。
・人間の最大心拍数は220－年齢と言われています。30歳であれば最大が190bpm、40歳であれば180bpmです。年齢以上の心拍数を発揮することもありますが、参考値として必ず最大心拍数を念頭においた上でトレーニングでの心拍数を決めてください。
・平時心拍数まで落として次のセットを行わないでください。心拍数の極端な差は健康に影響します。
・身体に違和感を感じ始めたらすぐに中断してください。

40日トレーニング

アメリカの著名なトレーナー、ダン・ジョンが提唱しているトレーニング方法です。40日間、5種目の同じトレーニングを同じセット数で行います。バーベルや自重トレーニング等も組み合わせて行うことができます。

人間の基本動作をできるだけ網羅した動きを取り入れたトレーニングで、これを週5日で合計40日続けます。

5種目を選ぶ基準

①背部の連動
　バーベル・デッドリフト、ケトルベル・ダブル・スイング

②押す動作（上半身）
　ベンチプレス、バーベル・ミリタリープレス、
　ケトルベル・ミリタリープレス、ケトルベル・ダブル・ミリタリープレス

③引く動作（上半身）
　懸垂、ロー、アームカール

④瞬発力
　ケトルベル・スイング、ケトルベル・スナッチ、ケトルベル・ジャーク

⑤腹筋
　アブ・ホイール、ゲットアップ・シットアップ

回数、セット数は、①〜③が5回を2セット、④が20〜50回を1セット、⑤は5回が1セットになります。

重量は無理なくできるものを選び、自然に増やしていきます。

私の経験上、このプログラムを歯を食いしばって苦しみながら継続しても成果があまり出ません。気ままに疲れない程度に実施していくと、成果が出てきます。

20日ほどで違いが出てきますが、40日継続しても、20日前後実施して打ち切っても構いません。

速筋と遅筋を活用したトレーニング方法
グラインダーのトレーニング法

　筋線維には、速筋と遅筋があります。前者が瞬発的な力、後者が持久力に関係しています。筋肉には、どちらの筋肉も混在していて、その比率は遺伝によって決まっていると言われています。これが、例えばスポーツで言えば、人によって得意な種目とそうでない種目があることと関係しています。

　もちろんこれがそのまま、「速筋が少ない自分は瞬発力がダメ」、あるいは「遅筋が少ないから持久力がない」という結論になるという話ではありません。

　ここでは、誰もが多かれ少なかれ持っている速筋をターゲットに、どのようにグラインダー種目（ミリタリープレス、ゲットアップ、フロント・スクワット）を効率よく行うかを説明します。

　遅筋はタイプⅠ、速筋はタイプⅡと呼ばれます。

　また、タイプⅡもaとbに分けられ、Ⅱbが最大限のパワー出力を発揮します。ただ、このⅡbは最大で10秒しか力を発揮できず、またタイプⅠとタイプⅡaを使い切らないと使われません。

　つまり、Ⅱbは最後に使われる力だということです。ですから、このタイプⅡbは、火事場の馬鹿力と呼ばれる現象に関係していると言われています。そして、火事場の馬鹿力は、生命に危機が及ぶ場面などで発揮されます。これを次に紹介するトレーニング法、CATに適用します。

CAT（Compensatory Acceleration Training）＝加速補助トレーニング

その昔、フレッド・ハットフィールド博士がバーベルスクワットのトレーニング中、トレーニングで行われる動作の80パーセントが効果の礎にしかなっておらず、20パーセントだけが本当に効果あるトレーニングになっていることに気づきました。つまり、80パーセントがトレーニングの無駄になっていたのです。

そこで編み出されたのがCATです。

CATとは、

Compensatory － 補う
Acceleration － 加速
Training － トレーニング　の略です。

さて、ここで1つの公式を見てください。

Force（力）＝ Mass（重量）× Acceleration（加速）

この公式が示しているのは、重量を加速すると力が発揮されるということです。トレーニング関係の本によく出てくる公式で、信憑性はともかく、説明には便利なので、ここではこの公式を使って説明します。

例えば32kgのケトルベルをミリタリープレスで挙げる場合、先ほどの公式に当てはめると、

重量（32kg）×加速の係数（例：秒速100センチ）＝ 3200

3200が必要な力ということになります。ちなみにこの係数はあくまで参考値です。

これに匹敵した力を24kgを挙げる場合でも発揮するには、より加速して挙げなければなりません。重量が軽い分だけ加速することで力を補うのです。つまり、CATとは、次の名前の通り、軽い分加速することでパワーを補うトレーニングなのです。CATを使うと、速筋のタイプⅡbを鍛えるトレーニングに限りなく近付きます。

シンプルですが、軽い物をあたかも軽く挙げ、重いものを重そうに挙げるのが人間の自然な心理です。ですが、ここはあえて軽い物を重い物と同様に挙げることが必要なのです。

実際は、重いケトルベルを挙げる時も加速しています。ただ、重さによってスピードが相殺されているため遅く見えるだけなのです。これが皆、重そうに挙げてしまう原因につながっていると考えられます。

スイングでCATを実現するには、どうしたらよいでしょうか？ その方法を次に紹介します。

CATをスイングに適用する、オーバースピード・エクセントリック

スイングは振り挙げるより、振り下ろすことに意味があります。ケトルベルを加速させることで、よりハードなスイングを体感できます。

そこで、振り挙げたケトルベルを、パートナーに下へ押してもらうことで、振り下ろしを加速します。

ケトルベルが手から離れた際に危険ですから、パートナーはくれぐれもケトルベルの前に立たないよう、注意してください。スイングする人の横で、ケトルベルを下方向へ押してください。

1人でスイングにCATを適用する場合は、ケトルベルを振り下ろしたところから素早く尻を引き締めてください。これで加速が実現します。

振り下ろす速度にパートナーが加速をする。

左右差を解消するトレーニング

　日常生活での左右不均衡は、姿勢や動きを悪くする原因になります。
　スポーツでも左右差のある身体では怪我をしやすくなります。左右同じ動きをする種目はもちろんのこと、野球などのように利き腕を重点的に使う種目だとしても、右と左の動きが依存関係になっていることが多いのです。
　こうしたことからも、左右不均衡をある程度解消する必要があります。
　左右不均衡というと、一般に"力の差"だと思われがちですが、力の左右差は柔軟性や関節の可動域に起因しています。
　また、上半身だけの課題ではない、という事も重要です。下半身に左右の偏りがあると、その上に乗っている上半身にも偏りが出てきます。

　右と左の力の差は、柔軟性や関節の可動域を広げることで解決できます。
　根深い原因になっているものは長期的なトレーニングを要しますが、できるだけ差を縮めることを目標にしてください。
　ここでは下半身から上半身まで、左右差を解消するケトルベルやストレッチ種目を紹介します。

ケトルベル ASLR（P.170）

　仰向けになってケトルベルを握り、腹筋に力を入れた上で、まっすぐにした脚を5回ずつ交互に上げて下ろしてください。

　ケトルベルはどちらの手に持っても構いません。

　これを左右5回ずつ、立て続けに4セット行います。

ブレッツェル・ストレッチ（P.160）

仰向けで脚を交差させ、膝と足首をつかみます。深呼吸で身体を少しずつやわらげていきます。

左右30秒以上行うと良いでしょう。

片足デッドリフト（P.146）

左右バランスの解消を促進する運動です。軽めのケトルベルでまず行ってみてください。

ケトルベルはどちらの手に持っても構いません。一方の脚をまっすぐ後ろへ引き、軸足一本でデッドリフトの要領で床にケトルベルを置きます。

左右5回を数セット行います。

ワンアーム・スイング（P.84）

ワンアーム・スイングで長期的に左右格差を縮めていきます。

左右5～10回ずつ数セット行ってください。

さらにアームバー・シリーズ＆モビリティを加えてください。

左右差の確認方法は、ゲットアップやミリタリープレスなどの感触で確認してください。

トップアスリート向けトレーニング

このように「トップアスリート向け」と書くと、何か特別なことをするものだと錯覚しがちです。しかし、本書の冒頭にも書いたようにケトルベルに特別なトレーニングはありません。あくまでも基本を磨くのがケトルベルの醍醐味です。

それでも一般にGPP（General Physical Preparedness）と呼ばれる競技のための「基礎体力」は、前述の40日トレーニングやスイング、ゲットアップ、スクワットの回数・セット数をこなしていくことで十分可能です。

そこでここでは実際に私が指導した二人のプロの格闘家向けに提供した2つのトレーニングメニューをざっと紹介します。できるだけシンプルにしました。

組み技系格闘技の選手へのトレーニングメニュー例

一人目のクライアントは、組み技系格闘技の練習を週6日、午前・午後に行っているということで、ケトルベルでのトレーニングを週3日に設定しました。

組み技系格闘技ということは、パンチやキックなどの打撃はないものの、立ち技や寝技で様々な体勢に耐えうる力と柔軟性を備えていなければなりません。

筋肉そのものから関節までを瞬時に脱力できる能力が重要なので、瞬発力やパワーをつけるよりも、柔らかく、かつ強い身体を作ることが優先目標でした。

その為、週3日の配分は、持久力トレーニング2日、パワートレーニング1日としました。

持久力　1日目　ワンアーム・スイング　左右交互　15分間　途中休憩可
　　　　　　　　ゴブレット・スクワット　5回×2セット

持久力　2日目　ワンアーム・スイング　左右交互　10分間　途中休憩可
　　　　　　　　ゴブレット・スクワット　5回×4セット

パワー　1日　　ゲットアップ　左右1回3セット
　　　　　　　　ジャーク　左右5回×6セット

※アームバー・シリーズ＆モビリティ、ストレッチを随時

打撃系格闘技の選手へのトレーニングメニュー例

　もう一人の打撃系の格闘技選手については、ケトルベル・トレーニングは週2回にしました。その代わり、先ほどの組み技系の選手より激しい内容にしています。

1日目　ゲットアップ　左右3回連続×2セット
　　　　ゴブレット・スクワット　5回×2セット
　　　　スナッチ　EDT法15分　（概ね片方合計80回以上のスナッチ）

2日目　ツーアーム・スイング　合計回数110回
　　　　ワンアーム・スイング　合計回数左右55回ずつ
　　　　ミリタリープレス　左右2回、3回、5回を3巡
　　　　　　　　（次週から4巡、5巡に増加）

※アームバー・シリーズ、ストレッチを随時

　このメニューをきついと見るか、甘いと見るかは選手次第です。
　競技練習の回数やニーズによって、トレーニングメニューの組み方は大きく異なってきます。

　次のページでは、私の友人であるニクライによる、高校ラグビー部の指導実績を紹介します。チームスポーツでのケトルベルの活用方法の参考になるかと思います。

チームスポーツにおけるケトルベルの活用

ゲルゲイ・ニクライ（茗溪学園高等学校ウエイトコーチ）

　ラグビー部において、選手のトレーニング目標はやはり体重増量、筋肉肥大です。高校生で比較的若いため、大きくなることは強くなるに等しいのです。試合後半に必要な体力が重要なので持久力も鍛えています。
　概ね使用している器具とトレーニング内容は次の通りです。

●自重トレーニング
　プランク、腕立て伏せ、懸垂、ロープ・クライミング、バーピー
●バーベル
　ベンチプレス、スクワット、デッドリフト、ランドマイン・プッシュ
●ケトルベル
　スイング、ゴブレット・スクワット、片足デッドリフト、ゲットアップ
●マシントレーニング
　ショルダープレス、ラット・プルダウン、レッグカール
●スロッシュパイプ（水で加重した空洞のパイプ）、ウォーターバッグ
　ランジやコアトレーニング
●大型タイヤ
　タイヤ返し
●コンクリートで加重したタイヤ
　タイヤ引き
●ゴムバンド
　リハビリ運動

筋肉肥大と持久力を持ち合わせていれば、まず合格ラインに達します。また瞬発力を鍛えるため、走り込みやダッシュを取り入れています。
　しかしながら、毎日2時間の練習で個人スキルからチーム連携プレイまで行うため、こうした基本的なトレーニングに時間を割くことが難しいのです。
　成果としては、選手たちが目に見えて大きくなり、また強くなっていることです。これは他校チームの監督方々から見ても明らかでした。2015年の全国大会で負けた相手校との差は、体力の違いだったのですが、夏合宿で再戦して勝つ事ができました。
　もう1つのトレーニング効果は、肩の怪我が激減したことです。それまでは、タックルする際に肩と胴体の連動不足による脱臼が多く発生していました。覚えているだけで手術を要した肩の怪我が過去4回ありましたが、ケトルベル・トレーニングを採り入れた2015年は、慢性的な負傷を抱えた選手の1度だけです。
　これは選手たちにゲットアップの肩のパックを教えたことが理由だと考えています。また懸垂でも腕を肩関節へ収容するよう、つまりパックするように指導しています。胴体と肩を一体化させたことが怪我の減少に役立ちました。

SPP (Specific Physical Preparedness)

　SPP (Specific Physical Preparedness)、つまり競技に特化したトレーニングをケトルベルで再現するには、相当な知識と科学的根拠が必要です。

　ここまで特化したトレーニングが必要なのは、オリンピックでメダルを狙う圏内の選手たちです。つまり全競技の99.99パーセント以上の人たちには縁のないものと言われています。

　この手法を間違うと、かえって競技力の劣化につながりかねません。例えば、重量を持って走ることが100メートル走のスピード向上につながるとは言えません。重量を両手に持ってボクシングの練習をすることが、かえって競技力を劣化させるという研究結果もあるそうです。

　ケトルベルとSPPをつなげて説明しませんが、参考までにSPPの条件を紹介します。

- トレーニング種目が競技の動作の一部もしくは全部を再現していなければならない。
- トレーニング種目が競技と同様の筋肉収縮を発動しなければならない。
- トレーニング種目が競技スキルと同じスピードを発揮しなければならない。
- トレーニング種目の関節可動域が競技スキルと合致していなければならない。
- トレーニング負荷が競技スキルを邪魔してはならない。
- トレーニングが競技と同じエネルギー（有酸素・無酸素）を使っていなければならない。

　もしSPPにケトルベル・トレーニングを取り入れる場合、ケトルベル種目を実施し、直感で使えると思ったものを競技用に取り入れてください。

グリップトレーニング

「もし何をしたら良いかわからなくなったら、グリップと腹筋を最低限鍛えておけ。」

パベル・ツァツーリン

　ケトルベル・トレーニングの種目には、特にクラッシュグリップ（握りつぶす）や、腹筋に高負荷をかける種目はあまりありません。
　グリップについてはその一人者であるジョン・ブルックフィールド（John Brookfield）、腹筋はヤンダ・シットアップ（Janda Situp）や、ハンギングレッグレイズ（Hanging Leg Raise）などの自重トレーニングで補強を勧めています。
　またケトルベルの基本であるスイングは、上腕の筋肉にではなく、前腕の筋肉に高負荷がかかり、前腕から手首にかけての筋肉や腱が強化されます。またツーアーム・スイングを1分間続け、これを2セット、3セットと続けてみましょう。前腕が張ってハンドルを握ることができなくなるはずです。
　ファーマー・ウォーク（ケトルベルのハンドルを握ってそのままぶら下げて歩く動作）も、グリップだけでなく体幹の強化につながります。私自身、ケトルベル指導先でマンションの2階から階下のジムまで毎週24kgと32kgのケトルベルを運び続けるうちに、自然にグリップ力が鍛えられました。非常に地味なトレーニングですが効果的です。

ケトルベルを使ったグリップトレーニング

大江誉志（ケトルベル・インストラクター、岐阜のストロングマン）

　グリップと腹筋、この2つは力を発揮する上で最も力を吸収されやすい部位であることが言えます。
　腹まわりには背骨以外に骨の支えがなく、全身で最も柔らかい箇所です。この腹まわりが硬くできないと、いくら腕や脚などの他の箇所が強くても腹まわりに力が吸収されてしまいます。
　グリップについては、対象物に対して直接コンタクトする部位にも関わらず、筋肉が小さく最も疲労しやすい部位で、全身でも弱い部位であることが言えます。例えば、200kgのバーベルをデッドリフトできる人でも、16kgのケトルベルの球体を片手で掴んでデッドリフトができるとは限らないのですが、これは指が他の部位と比較して弱い部位である事を示す良い例です。
　スポーツジムなどで一般的に使用されるトレーニングベルトやストラップは、弱い部位をギアでカバーして他の部位を効率良く鍛えるという考えから来ていると思います。
　グリップと腹筋を鍛えるとミリタリープレスが向上するのは、力を発揮する上で弱い箇所が穴埋めされる事で、身体全体としてのパワーが向上しているからであると思います。
　パベルが「グリップと腹筋（腹）を鍛えておけ」と言うのは、トレーニング内容に迷ったらまずは「弱点を埋めておけ！」と同じ意味の事を言っていると私は解釈しています。

　グリップを鍛えるために、私が指導しているのは、ケトルベルを床に置き、球体部分を片手で掴んで腰の高さまでリフトするトレーニングです。
　男性は8～12kgからスタートし、女性は4～8kgくらいからスタートします。
　ケトルベルの底の部分に親指をかけ、他の指は出来るだけ指を広げて球体を掴みます。

まずはハンドルを床につけたまま球体を床から浮かせます。ハンドルが下向きになる逆さ向きにケトルベルを立てます。
　これができたら、次はその状態から浮かせます。
　ケトルベルを浮かせるようになったら、立ち上がり腰の高さまでリフトします。
　このトレーニングの強度を1段階高めるには、球体の掴み方を変えます。
　ケトルベルを逆さに立てる時、できるだけ手のひらが下向きの状態でケトルベルを浮かせます。それができたらそのまま立ち上がり、腰の高さまでリフトします。
　程々手のひらが下向きのまま腰の高さまでリフト出来るようになったら、次は3本指（親指、人差し指、中指）で行います。3本指でもできるようになったら、次の重量に移行します。
　自分の手持ちのケトルベルで全てできるようになった場合、もう1段階強度を高めるためには、腰の高さに保持した姿勢からカールを繰り返すという方法もあります。これらの方法で親指を中心とした指の力が鍛えられます。

　手のひらの汗や湿度などでケトルベルが濡れると大変危険ですので、滑り止めのチョークの使用をお勧めしますが、滑り止めのついた手袋などはトレーニング効果の邪魔になるのでお勧めしません。
　私自身ケトルベルが手元にない場面では、レンガやブロック、石、バーベルのプレート、グリップボール、砲丸など、片手で掴める適当な大きさのものを見つけては手当たり次第に掴み上げ、重量によってカールしたりブラブラ振ったり、持って歩いたりといったトレーニングをしています。最近は5kgのハンマーを片手で振ることもしていますが、その成果として、全体的なグリップ力アップに効果があるように感じています。

ミリタリープレス　高重量トレーニング

　インストラクター・コースのレベル2を、私は過去に4度受講し、うち3度は自分の体重の半分相当のケトルベルを1回ミリタリープレスするというテストがありました。私は当時体重が80kg以上だったので40kgと44kgのケトルベルを挙げることが合格ラインでした。

　パワーリフティングでデッドリフト等のトレーニングをしていると基礎の力が備わるのですが、私はほぼケトルベルと自重トレーニングを混ぜた形でトレーニングしてこれをクリアーしました。高重量トレーニングの手法を一概に説明するのが難しいのですが、これまで本書で述べた内容の総合力だと考えてよいと思います。

高重量ケトルベルを挙げる条件
・力の左右差縮小・姿勢改善
　　アームバー・シリーズ＆モビリティ、ワンアーム・スイング、
　　ミリタリープレス
・広背筋の強化・肥大
　　ダブル・スイング、ダブル・フロント・スクワット、
　　ダブル・ミリタリープレス、順手懸垂、加重懸垂、
　　ファーマー・ウォーク
・肩のモビリティ・強化
　　ゲットアップ、ベントプレス、逆立ち腕立て伏せ、片手腕立て伏せ
・ミリタリープレスのスキル・呼吸
　　ミリタリープレス

　高重量のミリタリープレスは、トレーニングの優先順位（P.24）で述べたモビリティ・スタビリティ・力・持久力・パワーが全て出そろったタイミングであること。これに加え、メンタルイメージが限りなく合致していることが大切です。したがって同じ重量でも挙がる日と挙がらない日が出てきます。

　大切なのは挙がらない日を認識することです。神経の疲労や、気づかないところで姿勢やテクニックが悪かったなど、様々な要因が考えられます。「あ

れ、昨日より筋肉が弱くなっている!!」と考えない、これが重要です。弱くなったのではなくベースライン（底辺）に戻っただけなのです。底上げをするか、別な日に再び挑戦する、どちらかへ持っていけば良いのです。

　ではベースラインをいかに鍛えるか？　そこでここでは、私と同じくインストラクターコースのレベル2を受けたことのある花咲拓実からの寄稿を紹介しましょう。彼は、バーベル・デッドリフトを取り入れることでベースの力を養っているそうです。

SFG レベル2のミリタリープレス・テスト
　　　　　　　　　花咲拓実（SFGレベル2　ケトルベル・インストラクター）

　SFGレベル2のミリタリープレス・テストでは、私の場合体重が73kgだったので36kgケトルベルのミリタリープレスが合格ラインでした。

　テスト2ヶ月前から、ダブル・ミリタリープレスを週5日、1セットあたり1～5回、重量を変えながら行っていました。

　この他にバーベル・デッドリフトと懸垂、スイングとスプリント（ダッシュ）を取り入れました。

　高重量のケトルベルを身体で支えるには、呼吸が重要です。

　この呼吸を身に付ける方法として、ミリタリープレスで用いるものより重いケトルベルでゲットアップを行います。この際、一つ一つの動作で止まりながら、動きの都度、息を吸って小出しに吐き出しながら丁寧にゆっくり行います。これでミリタリープレスのフォームとともに、呼吸もかなり改善されます。

　お勧めのトレーニング方法は非常にシンプルですが、クリーン&プレスを5回×5セット行うことです。重量を増やす際は、1回挙げる度にクリーンするクリーン&プレスでフォームを丁寧に行った方が伸びが良い気がします。

　是非皆さんもトライしてください。

エピローグ——「カロス・ステノス（美しい力）」

　私は1年後も、2年後も同じ重さのケトルベルをスイングしていると思います。あなたも、よりスムーズにきれいにフォームを磨き上げてください。自然と持久力、パワー、姿勢の改善が望めることでしょう。
　ケトルベルが軽くなったので不要、重いものに買い替える、ということはありません。軽いケトルベルをゲットアップやアームバー・シリーズに活用してください。

　古代ギリシア語に「カロス・ステノス」という言葉があります。訳すと「美しい力」です。ケトルベルが目指すところは動きの美しさと身体のしなやかさにあると考えてください。

　最後に、なぜケトルベルなのか？　改めて述べさせていただきます。
　ケトルベルでは、スイングやスナッチで心肺機能や筋肉を鍛えることができます。また、アームバー・シリーズやゲットアップで姿勢を改善できます。
　ケトルベルを用いてのトレーニングは、スポーツに限らず、日常生活でも役立つはずです。背筋が正常であれば神経伝達や血流も正常化します。頭で考えることや感性も変わってくるはずです。
　バーベル、ダンベル、マシントレーニングでそれができないとは言いません。しかし、手軽に畳1枚の広さで手軽にできる器具があるなら、それを使わない手はありません。
　トレーニングにかかる費用は本書とケトルベルです。他にかかる費用は微々たるものです。家でジム並みかそれ以上のことができればそれはまさに"手持ちのジムメンバーシップ"です。是非トレーニングを始めてください。
　私と本書の協力インストラクター共々、皆さんに是非ケトルベルを使って頂きたいと願っております。

Progressive Life Style !!

2016年春　松下タイケイ

松下タイケイ（Matsushita Taikei）

本名・松下大圭。1969年8月30日生まれ。幼少期から高校時代までを、日本国内と海外を転々としながら送る。アメリカの高校と日本の大学でアメリカンフットボールをし、後に社会人クラブチームで8年ほど指導をする。

プログラマー、システム・エンジニアの職に就いていたが、過去の怪我等に起因する身体の歪みを覚え、改善法を模索する中、2004年にケトルベルに出合い、独自にケトルベル・トレーニングを開始する。

2006年に公認ケトルベル・インストラクターのもとでケトルベルを習得し、2007年6月、RKC（Russian Kettlebell Challenge）ケトルベル・インストラクター資格を取得し、日本人で初の公認ケトルベル・インストラクターになる。

以来、アメリカ、ハンガリー、韓国のインストラクター・コースへ受講生やアシスタントとして参加するなど、海外を飛び回る。

2012年、認定インストラクターのパベル・ツァツーリンが新たにSFG（StrongFirst Girya）を設立したことに伴って移籍し、SFGレベル2インストラクター資格の認定を受ける。

自身の指導実績としては、これまで50回以上のワークショップを行い、クラスや個人指導を含め数百人に教えている。また、海外（ベトナム）へも指導へ赴いている。

現在、ケトルベル・ストレングスを主宰。東京を拠点に、定期クラスやワークショップを開催するとともに、ケトルベルなどのトレーニング器具の販売を行う。また、スポーツや格闘技の分野で、国内外の雑誌等で執筆活動も行っている。

公式ＨＰ　　http://www.kettlebell.jp/
ブログ　　　http://blogs.yahoo.co.jp/renegaderow
動画　　　　https://www.youtube.com/user/kettlebellinjapan

撮影協力○小野卓弥、花咲拓実

本書の内容の一部あるいは全部を無断で複写複製(コピー)することは、法律で認められた場合を除き、著作者および出版社の権利の侵害となりますので、その場合は予め小社あて許諾を求めて下さい。

身体を芯から鍛える!
ケトルベル マニュアル

●定価はカバーに表示してあります

2016年3月25日 初版発行
2019年12月10日 7刷発行

著者　松下タイケイ
発行者　川内長成
発行所　株式会社日貿出版社
東京都文京区本郷5-2-2 〒113-0033
電話　(03)5805-3303(代表)
FAX　(03)5805-3307
郵便振替　00180-3-18495

印刷・製本　株式会社ワコープラネット
写真　糸井康友
Ⓒ 2016 by Taikei Matsushita
落丁・乱丁本はお取替えいたします

ISBN978-4-8170-6014-3　http://www.nichibou.co.jp/